지형원 장로 기도집

흙이라면

바람이라면

목차

8 ······ '흙이라면, 바람이라면' 기도집을 펴면서
10 ······ 祝刊辭 하나님께 드리는 귓속말

01. 기도의 詩

14 ······ 무등교회 청소부, 또는 우체부
18 ······ 꽃처럼 기도 했는가
20 ······ 빈 배
22 ······ 뭐헌다요

02. 하나님 나라의 비밀번호

26 ······ 독대(獨對)
28 ······ 하나님 나라의 비밀번호

'눈물행전' …… 30

작은 신음에도 …… 32

접촉과 연결 …… 34

빈틈이 있는 사람이 되고 싶습니다. …… 36

지름길 …… 38

고개를 끄덕이는 은혜 …… 40

홍수 …… 42

손편지 1. 털신 한 켤레 …… 44

손편지 2. 어떤 축의금 …… 46

손편지 3. 미안합니다 〈성도님들께〉 …… 48

행복을 심으면 …… 50

후회와 회개 …… 52

행복의 비밀번호 …… 54

하나님께 발견되는 사람 …… 56

콧노래 …… 58

사랑의 콩깍지 …… 60

천국의 대들보 …… 62

오히려 …… 64

이만 닦는 것이 아니라 …… 66

68 ······ 비 오는 날에도 태양은

70 ······ 영적 수혈

72 ······ 하나님과 같은 방향

74 ······ 뜸 들이기를 그만하게 하시며

75 ······ 발자국 소리

76 ······ 유일하신 기도의 청취자

78 ······ 사회적 거리두기

80 ······ 예배자 아닌 시청자

82 ······ 매직 아우어

84 ······ 말의 온도

86 ······ 말씀이 어눌하더라도

88 ······ 노인이 아니라 어르신

90 ······ 독일 오버암버가우 마을의 기적

92 ······ 내가 먼저

94 ······ 일어서는 것도 기적

96 ······ 52개의 징검다리

98 ······ 겸손의 안전벨트를 매고

100 ···· 그냥 좋으신 하나님

102 ···· 마지막 위로자

성령의 날개 ···· 104

기도의 응답자 ···· 106

노년의 기도 ···· 108

감사의 안경 ···· 110

제자리 ···· 112

03. 특별한 날의 기도

순종의 무리가 되게 하소서 〈새해 기도문〉 ···· 116

믿음의 새싹을 키우는 봄비처럼 ···· 118

부활절 기도 ···· 120

부활절 이후 첫주일 ···· 122

마음의 초막 〈성령 강림절 기도〉 ···· 124

가정의 달 5월의 기도 ···· 126

어린이를 위한 기도 ···· 128

채송화꽃을 보기 위해서는 〈현충일의 기도〉 ···· 130

삶의 나침반 〈어느 추석날〉 ···· 132

가을 기도 ···· 134

136 ···· 12월의 기도

138 ···· 크리마스 캐럴

140 ···· 부름받아 사는 삶 〈성탄절 기도〉

142 ···· 세밑기도

144 ···· 신앙의 중앙선 〈섣달 그믐날〉

146 ···· 내겐 너무 과분한 사람 〈송구영신 예배〉

148 ···· 비상구가 되어주시는 주님 〈당회 기도문〉

150 ···· 교회의 중심, 가정의 중심 〈남선교회〉

152 ···· 한사람 뒤에 오는 1천명 〈남선교회 기도문〉

154 ···· 부끄러운 아버지 〈아버지학교 수료자 헌신예배〉

156 ···· 사명의 깃발 〈집사와 권사, 장로를 위한 기도문〉

158 ···· 상견례 기도문

159 ···· 떡으로만 사는 것이 아니요 〈식사 기도〉

160 ···· 찬양은 거룩한 헌화

161 ···· 봄 눈 녹듯이 〈찬양대 기도〉

162 ···· 칸타타를 위한 기도문

164 ···· 찬양은 노래의 끝 〈음악회 기도문〉

165 ···· 기도의 청취자

166 ···· 미래의 이력서

'흙이라면, 바람이라면' 기도집을 펴면서

사실, 평생 글을 쓰고 책 만드는 일을 해왔지만 기도집을 발간하는 일은 걱정이 적지 않았습니다. 우선, 이 기도집이 하나님께 영광이 될 수 있을까이고, 두 번째는 동시대를 살아가는 수많은 목회자나 장로님들께 누(累)가 되지나 않을까 하는 것이었습니다.

장로가 되어 대표인사를 드리면서 저는 회초리를 들고 살겠다고 다짐한 바 있습니다. 돌아올 회(回), 처음 초(初). 이치 리(理). 세상살이가 힘들 때, 신앙적 갈등이 생겼을 때 임직식 날 품었던 초심으로 돌아와 하나님의 마음으로 세상을 바라보겠다는 다짐이었습니다.

장로로 시무하는 동안 국내외 많은 기도서들을 읽었습니다. 너무너무 훌륭한 분들이 쓴 글들이라 감히 곁에도 갈 수 없을 터이지만, 그러나 많은 기도의 내용들이 비슷비슷하여 늘 새로움을 갈망하는 필자에게는 갈증이 사라지지 않았습니다.

책의 제목 '흙이라면, 바람이라면'은 오래전에 읽었던 역사 소설 속에서 차용한 것입니다. 얼마나 사랑하면 '당신이 흙이라면 그 속에서 움트는 새싹이 되고, 당신이 바람이라면 그 속에서 뒹구는 낙엽이 되고'라고 했을까. 나는 그날 '하나님이 흙이라면 그 속에서 움트는 새싹이 되고, 하나님이 바람이라면 그 속에서 뒹구는 낙엽이 되리라' 다짐했었습니다.

읽은 분들을 위해 한 가지 덧붙인다면 대부분의 기도문의 순서가 ① 하나님에 대한 송축 ② 회개 ③ 소원하는 것들 ④ 목회자와 교회를 위한 기도 ⑤ 중보 및 마무리 등으로 이뤄지기 때문에 이 책에서는 매번 반복되는 회개와 목회자와 교회를 위한 순서는 생략했음을 밝힙니다.

끝으로 지난 40년 동안 신앙의 등불이 되어주신 광주무등교회 진명옥 원로목사님과 축간사를 써주신 분당 새에덴교회 소강석 담임목사께 감사를 드립니다. 또한 오용선 담임목사님과 오랫동안 신앙생활을 함께 해온 성도님들도 오래오래 잊지않겠습니다.

성도들은 설교를 통해, 기도를 통해. 찬양을 통해, 더러는 만나는 사람들의 위로를 통해 은혜를 받기 때문에 한사람이라도 나의 기도를 통해 은혜받은 분이 있다면 나는 작은 소임이라도 한 것이 아닐까요?

이 책을 읽은 분들에게 하나님의 은총이 함께 하기를 기원합니다.

2024년 9월 1일

祝刊辭

하나님께 드리는 귓속말

　내가 지형원 장로를 처음 만난 것은 20여 년 전의 일입니다. 광주무등교회 부흥성회를 인도하기 위해 광주에 갔을 때 저녁 식사를 함께 한 자리가 처음이었습니다. 당시 지형원 장로는 광주·전남지역의 대표 일간지 문화부장으로 재직 중이었는데 참으로 열정적이며 겸손한 사람이라는 느낌을 받았습니다.
　그 뒤 장로 피택을 받았다는 소식을 들었는데, 벌써 은퇴를 앞두고 있다고 합니다. 이를 기념하여 각종 예배의 대표기도문과 틈틈이 써왔던 기도문을 모아 기도집을 발간하게 된 것을 진심으로 축하합니다.
　기도집의 제목인 '흙이라면, 바람이라면'도 참으로 하나님과 함께 하고 싶다는 간절한 소망이 담겨 있는 것 같습니다. 하나님이 흙이라면 그 속에서 움트는 새싹이 되고, 하나님이 바람이라면 그 속에서 나뒹구는 낙엽이 되고 싶다는 간절함이 느껴집니다.
　지형원 장로의 기도문은 지금까지 출간된 여러 기도집과는 사뭇 다릅니다. 우선 아버지와 아들이 나란히 산길을 걸으며 얘기를 나누는 것처럼 일상생활의 크고 작은 이야기들을 하나님께 귀엣말로 속삭이고 있습니다.
　기도의 시 가운데서는 '일흔 살 즈음에는 교회의 청소부가 되어 아침부터 저녁까지 뜨락을 쓸고 교회에 기쁜 소식을 전하는 우체부가 되고 싶다'

고 썼고 '빈 배'라는 시에서는 '사람들은 만선(滿船)의 귀항만을 원하지만 만선의 배에는 주님 계실 자리가 없으니 빈 배로 돌아오다가 언제 어디서든지 주님을 태워드리려고 한다'고 고백하고 있습니다. 참으로 깊은 믿음을 보여주는 대목이 아닐 수 없습니다.

또 '눈물행전'에서는 '오늘 이 시간 예수님을 위해 눈물 흘리고 이웃을 위해 눈물 흘리는 '눈물행전'의 기록자가 되자'고 했고 '하나님 나라의 비밀번호'에서는 '비밀번호가 없으면 집으로 돌아갈 수도, 예금도 찾을 수 없는 복잡한 세상이지만 하나님 나라의 비밀번호는 절대 잊지 말자'고 호소합니다.

이 밖에도 '고개를 끄덕이는 은혜' '내겐 너무 과분한 사람' '빈틈이 있는 사람이 되고 싶습니다' '접촉과 연결' 등 일상생활 속에서 느껴지는 간절한 바람이 담겨 있습니다. 2부 마지막 순서인 '제자리'에서는 '주님, 이제 우리 주님 계신 곳 가는 길에 노래를 부르며 걸어가기 원합니다. 그때는 주님만 아시오나 주님 곁, 그 자리에 서 있기를 원합니다'라고 기도하고 있습니다.

끝으로 자신을 소개하는 글에서 세상에서의 화려한 이력보다 광주무등교회의 안수집사, 장로로 시무했던 것을 가장 큰 자랑이라고 말하면서 이 책을 하나님께 바친다고 고백하고 있습니다. 이 기도집이 하나님 나라를 확장하는데 크게 쓰임 받기를 축원합니다.

2024년 9월 1일

새에덴교회 담임목사　소 강 석
(증경한교총대표회장)

01

기도의 詩

무등교회 청소부, 또는 우체부

1

나는 내 나이 일흔살 즈음에는
우리 교회 청소부 또는 이 근방을 담당하는 우체부가 되고 싶다.
광주시 서구 매월동 310번지
매화 꽃잎에 달빛이 고이고,
교회당 십자가 첨탑에는 하나님의 은혜가 내려서 앉는
무등교회, 아니 우리 교회에서
아침부터 저녁까지 뜨락을 쓰는 청소부가 되고 싶다.
봄이면 토끼풀이나 싸랑부리를 뽑고
여름엔 사루비아, 가을에는 코스모스 꽃잎을 주워 담고
더러는 느티나무 이파리도 쓸어내면서 겨울을 준비할 것이다.
운 좋게도 눈 속에서 가장 먼저 핀다는 복수초 한 송이 눈에 띄는 날에는
예쁜 종이우산 씌어놓고 목사님께만 가만히 보여드릴 것이다.
우리 누님이 시집갈 때 베갯머리에 수놓았던
바로 그 꽃,
'영원한 행복'의 복수초라고 가르쳐드릴 것이다.

교회당으로 들어와서는
맨 먼저 주일학교 교실을 청소할 것이다.
숙제가 빼곡히 적힌 수첩을 놓고 갔거들랑
하나님의 말씀 한 구절 가만히 적어주고
아니면 고만한 나이에 좋아할
이정하나 용혜원 목사의 시라도 한편 써 들고
그 아이를 기다릴 것이다.
아니 그보다 먼저
담임 목사님의 눈물을 닦아드릴 것이다.
백일 작정기도가 끝나던 날
응답 받지 못해 울고 있던 김권사님의 서러움 뒤에서
그냥 함께 울고 계시던 목사님의 눈물을 닦아 드릴 것이다.
목사님의 눈물을 닦는 청소부가 될 것이다.
그리고 나서는 화장실에 들어가 물을 쫙쫙 찌끌 것이다.
한 발짝만 다가서면 될 것을
힘자랑 하다가 떨어뜨린 노란 오줌방울 깨끗이 씻어내고
여자 화장실에서는 몹쓸 것 때문에 막혀버린 변기통을 뻥 뚫어주고
해가 지면 무릎 꿇고 앉아
가슴이 차오를 때까지 기도할 것이다.
눈물이 울컥하도록 기도할 것이다.

2

나는 내 나이 일흔살 즈음에는
우리 교회 근방을 담당하는 우체부가 되고 싶다.
광주시 서구 매월동 310번지
매화 꽃잎에 달빛이 고이고,
높은 십자가 첨탑에는 하나님의 은혜가 내려서 앉는
무등교회, 아니 우리 교회에
기쁜 편지를 전하는 우체부가 되고 싶다.
어느 해던가
눈이 무릎까지 쌓였던 크리스마스 이브에
캐롤 송을 부르면서 잡아보았던
아, 그 가녀린 손, 그 첫사랑의 떨림도 배달해주고
어느 날에는
죽을 고비를 몇 차례나 넘겼다는 선교사의 간증편지도 싣고서
힘차게 자전거 페달을 밟을 것이다.
지난 주일날
교회에 못 나오신 은퇴 장로님이 쾌차하셨다는 이야기,
작년 이맘때 시집간 김권사님의 딸이 손주를 낳아
어쩔 수 없이 할머니가 되었다는 기쁘면서 슬프기도 한
엄살 섞인 자랑도 배달하면서
돌아오는 길에는 빨간 자전거 잠시 멈추고

그 아이가 하나님의 튼실한 일꾼이 되어주기를 기도할 것이다
빨간 자전거를 타고 서광주역 앞에서 되돌아 나와
금호지구 사거리에서
월드컵 경기장으로,
다시 풍암동과 마륵동을 거쳐
'무등 우체국' 소인이 찍힌 편지를 들고
하나님의 나라로 배달을 떠날 것이다.
이 세상에 살면서 지녔던 명함, 전직 누구누구가 아니라
은퇴 장로나 은퇴집사가 아니라
은퇴 없는 세상의
행복한 우체부가 되고 싶은 것이다.

꽃처럼 기도 했는가

기도는 한 송이의 꽃.
온몸으로 피워 올린 고결한 꽃송이.
저절로 피는 꽃이 어디 있으랴
흔들리며, 흔들리며 피는 거룩한 눈물.

더러는 바위틈새에서
더러는 절벽에 매달려 몸부림할 때
물과 바람, 햇살이
되돌아와 손잡아 주는

추울수록 그 향기 더욱 깊고
척박한 땅에서 뿜어내는
생명의 절규
간절한 아우성

그대 꽃처럼 기도했는가.
온몸으로 기도했는가.
모든 것을 짜내어 기도했는가.

영혼 없는 기도가 꽃이 될 수 있으랴

기도는
내 모든 것 내어드리는
온전한 비움의 몸부림.
땅에서 하늘로 올려드리는 거룩한 헌화(獻花)

빈 배

주님,
앞으로는
인생의 짐 벗고 가벼이 떠나가려 합니다
무거운 것, 거추장스러운 것은
다 내려놓고
맨몸으로 떠나려 합니다
인생의 바다에는 늘 바람이 일고
더러는 폭풍우도 불어오기에
언제든 뛰어내릴 수 있는
맨몸으로 떠나려고 합니다.

주님,
앞으로의 삶은
빈 배를 저으며 나아가려 합니다
사람들은 만선(滿船)의 귀항만을 원하지만
만선의 배에는 주님 계실 자리가 없으니
빈 배로,
빈 배로 돌아오다가

언제 어디서든 멈춰서 주님을 태워드리려고 합니다.

주님
홀로 모시고 돌아오는 길에
바다 깊은 곳에 그물을 내린 베드로처럼
말씀 따라 그물을 내려
무거운 것, 거추장스러운 것은
다시 다 내려놓고
주님 말씀만 건져 올리는 어부가 되고자 합니다.

주님
2천 년 전에
나일강이 마르고
유프라테스강이 마른다고 하셨는데
그 말씀 그대로
나일강과 유프라테스강이 말라가는 징조를 보면서
'때가 가까이 왔다'고 외치려고 합니다
외치다가, 외치다가 주님 품에 안기려 합니다.

뭐헌다요

한 십년
아니, 이십년
모태로부터 따지면 한평생 주님을 섬겼다면서
누구 한사람 사랑의 떨림을 주지 못했다면
무슨 소용이다요
누구에게도 축복이 되지 못하면서
누구에게도 기쁨이 되지 못하면서
그냥 그렇게 인사나 나누고
헤어졌다가 다시 만나면
뭐헌다요

사랑은
나를 버리고 그 사람을 따라 나서는 것이라고 말하면서
나만의 안식을 구하면 쓴다요
그것이 사랑이라요
당신이 지금 스쳐간 그 자리에
목마른 자들의 아우성이 저리 처연한데
당신만 아름답게

당신만 거룩하게 서 있으면
무슨 소용이라요.
하나님이 당신을 모르는데
무슨 소용이라요.

02

하나님 나라의 비밀번호

독대(獨對)

거룩하신 주님.

오늘 이 시간이 저희들 각자 각자가 주님과 홀로 만나는 귀한 시간이 되기를 간절히 원합니다.

기도라는 것은 하나님과 독대하는 엄청난 일이지요? 옛 조선의 신하들이 죽음을 각오하고 임금과 단둘이 만나 절실함으로 아뢰었던 것처럼, 주님 오늘 저희가 드리는 기도가 생과 사를 가르는 절실함과 진정으로 오직 주님 한 분과 만나는 역사적인 시간이 되게 하옵소서.

나의 안위와 부유함을 구하는 기도가 아니라 하나님의 나라와 그의 의를 먼저 구하는 기도자가 되기를 원합니다. 에스라 선지자가 죽으면 죽으리라는 각오로 하나님께 매달렸던 것처럼, 예수님이 여리고 성을 지날 때 '다윗의 자손 예수여, 나를 불쌍히 여기소서'라고 절박하게 부르짖었던 그 맹인처럼 우리 앞에 홀로 서 계신 하나님께 간절함으로, 절실함으로 아뢰는 자들이 되기를 소망합니다.

진리의 기둥이시요, 홀로 하나이신 하나님 아버지. 우리가 예수님을 영접했다고 하여 고난이 사라지는 것이 아님도 알게 하시고 묵묵하게 주님의 뜻을 묻고 생각하는 든든한 제자들이 되게 하여 주시옵소서. 작은 일에 웃고 작은 일에 슬퍼하는 자들이 아니라 우리에게 닥친 고난 앞에서도 좌절하지 않고 끝까지 주님의 뜻을 구하는 성숙한 믿음을 구하옵나이다.

부끄럽게도 하나님이 기름 부어 큰 직분을 주셨지만 제대로 감당하지 못했음을 고백합니다. 많은 것이 부족하지만 눈길을 함부로 걸어서 뒤따라오는 자들을 어지럽게 하지 않도록 하시고 앞 못 보는 자가 앞에서 이끄는 우를 범하지 않도록 항상 깨어있게 하시옵소서.

거룩하신 주님, 평생을 살아가는 동안 하나님의 기쁨이 내 기쁨이 되고, 내 기쁨이 하나님의 기쁨이 되는 동일체의 삶을 꿈꾸며 기도합니다. 이 일이 가당키나 한 일이겠습니까만 주님의 이름에 기대어 간구하오니 주님 허락하여 주시옵소서.

언제 어디서나 우리의 빛이 되시고 등대가 되어주시는 예수님의 이름으로 기도하옵나이다. 아멘.

하나님 나라의 비밀번호

존귀하신 하나님 아버지, 거룩한 주일 성전에 나와 예배하게 하시니 감사를 드립니다. 주님 홀로 영광 받으시옵고 이 땅 가득 은혜의 강물 흐르게 하시며 성령의 바람이 불게 하여 주시옵소서.

우리 주님 부활하시어 승천하시기까지 40일 동안 예루살렘에서 이뤄졌던 일들을 보지 않고 믿게 하시니 감사합니다. 약속대로 십자가에 못 박혀 죽으시고 부활하셨기에 다시 오시겠다는 약속도 꼭 이뤄질 것을 확신합니다.

거룩하신 주님, 이번 주간 실시되는 국회의원 선거를 앞두고 후보자들마다 선택받기를 원하고 있습니다. 그들이 얼굴을 내밀지 않았다면 누가 누군지 알 수 없을 터인데, 용기 있게 나선 것처럼 이 자리에 있는 우리 모두도 하나님께 선택받기 위해 두 손 들고 나아가기를 소망합니다. "천국은 침노를 당하나니 침노하는 자는 빼앗느니라."는 말씀처럼 적극적으로 천국을 소망하는 자들이 되게 하여 주시옵소서.

주님, 세상살이가 갈수록 복잡하고 어렵습니다. 지구촌 곳곳에서는 전쟁이 끊이지 않고 홍수와 지진과 가뭄과 질병들이 들끓는 말세의 징조들로 가득합니다. 내가 사는 집도 비밀번호를 모르면 들어갈 수 없고 내가 맡겨놓은 예금도 비밀번호가 없으면 찾을 수 없는 이 복잡한 세상에서, 우리의 영원한 피난처인 하나님 나라의 비밀번호는 무엇입니까?

주님이 우리에게 알려주신 비밀번호는 사도신경인 것을 믿기에 오늘도 예배의 자리에 나아와 "하나님은 천지의 창조주이시며 그의 유일하신 아들 예수 그리스도를 통해 인류의 죄를 구속하시고 부활하셨기에 주님 재림하실 때 모든 믿는 자들의 부활과 영생을 믿습니다"라는 고백을 한시도 잊지 않게 하여 주시옵소서.

오늘 단위에서 말씀을 전하시는 목사님께 성령의 두루마기를 입혀주시고, 하나님께서 저희에게만 은밀히 알려주신 비밀번호를 꼭꼭 누르고 하나님 나라에 들어가 평안과 치유와 영생의 복락을 누리게 되기를 간절히 소망합니다.

거룩하신 주님, 오늘 아침, 내가 웃으니 거울이 웃었습니다. 교회에서 성도들을 만나 웃었더니 그들이 웃어주었습니다. 봄비 그치고 온 산야에 아름다운 꽃들이 앞다투어 피어날 터인데 우리들의 가슴에도 흙냄새가 나고 물이 흐르며 성령의 바람 불어와 아름다운 꽃 한 송이 피워내는 2024년 봄이 되기를 간절히 소망합니다.

구약의 시대를 마감하고 신약의 시대를 열어주신 우리 주 예수 그리스도의 이름으로 기도하옵나이다.

'눈물행전'

존귀하신 하나님 아버지, 하나님의 창조세계를 온전히 누리는 이 복된 안식일에 주님의 성전에서 예배할 수 있도록 불러주시니 감사합니다. 감사와 찬양을 올리옵나이다. 오늘 이 시간, 우리들의 인생이 속도가 중요한 것이 아니라 방향이 중요함을 깨닫게 하시고 세상 떠나는 날까지 예수님과 같은 방향으로 서 있기를 원합니다.

주님, 저희들은 지난 주간에도 한 발은 교회에, 또 한 발은 세상에 딛고 서 있는 경계인이었습니다. 한 발은 세상에, 또 한 발은 주님의 땅에 딛고 편리할 대로 발을 옮기는 위험한 곡예를 하고 살았습니다. 용서하여 주시옵소서. 오늘 예배자 가운데 경계인이 있다면 확실히 하나님의 땅으로 발을 옮기는 결단의 시간이 되기를 원합니다.

사랑의 주님, 주님의 일을 하는 자들에게 담대함을 주시옵소서. 세상일에는 합리를 따지더라도 주님의 사명을 감당하는 일에는 뻔뻔해질 수 있는 담대함을 허락하여 주시옵소서.

오늘 목사님의 말씀을 통해 새로운 에너지를 얻게 하시고, 그 힘으로 세상 가운데 나아가 주님을 제대로 증거하게 하여 주시옵소서. 우리 목사님 지난 일주일 동안 예수님만 생각하셨습니다. 준비하신 말씀 가운데 임하시어 굳어지고 단단한 심령들이 뒤집어지는 감동과 감화의 시간이 되기를 원합니다.

주님, 우리 교회가 기도하는 집이 되기를 원합니다. 타고르의 시처럼 위험으로부터 벗어나게 해달라고 기도하는 대신, 위험에 처해도 두려워하지 않게 해달라고 기도하게 하소서. 어린아이들처럼 보채는 기도가 아니라 조용히 하나님의 뜻을 구하는 기도, 감사의 기도, 찬양의 기도가 되게 하시며 우리의 삶 자체가 기도가 되게 하여 주시옵소서. 지시하는 삶이 아니라 들어주는 삶이 되게 하여 주시옵소서.

주님, 돌아보니 지금까지 나를 위해 울었을 뿐 한 번도 남을 위해 울어 본 적이 없습니다. 오늘 이 시간 예수님을 위해 눈물 흘리고 이웃을 위해 눈물 흘리는 '눈물행전'의 기록자가 되기를 원합니다.

세계평화나 전쟁에 관한 커다란 사안들은 하나님의 영역이라 감히 감당할 수 없어 아뢰지 못합니다. 그러나 지금 남과 북 사이가 일촉즉발의 위기로 치닫고 있사오니 할 수만 있다면 주여 멈추어 주시옵소서.

부족한 종은 힘이 없고 나약하여 큰 것을 아뢰기보다 오늘 이 자리에서 예배드리는 우리 교회 예배자들을 위해 기도하오니 주님 저들의 첫 번째 소원을 들어주시옵소서. 빈손과 입술로 드리는 기도가 아니라 온몸 바쳐 드리는 저 기도는 주님이 책임져 주시옵소서.

말씀을 사모하여 기도마저 줄이오니 미처 아뢰지 못한 것 주님 헤아려 주시고 세상가운데 살면서, 신앙생활을 하면서 적어도 절대로 넘어서는 안 되는 중앙선은 침범하지 않도록 늘 깨워 주시옵소서.

주님, 이 가을도 예수님의 심장으로 살아가기를 원하오며 우리 주 예수 그리스도 이름으로 기도하옵나이다. 아멘.

작은 신음에도

인애하신 주님,
 며칠 전 가까운 친구가 보내온 카톡 편지를 읽고 한참을 흐느끼다가 주님의 자녀로서 너무도 부끄러워 울고 말았습니다. 오랫동안 만나지 못했던 친구의 아내가 너무 초라한 모습으로 어딘가를 바삐 가더랍니다. 자초지종을 물었더니 오랫동안 중동에서 일했는데 몇 년 전 암에 걸려 사경을 헤매고 있다는 것, 마지막 치료비를 마련하지 못해 뛰어다니고 있다는 것이었습니다. 이 말을 들은 친구는 자신이 어려운 가운데서도 1천만원을 내고 동창회 단톡방에 이런 사연을 올려 친구의 치료비를 해결하고 장례식까지 도왔답니다. 친구 부인은 서울 어느 초라한 골목에서 닭도리탕 가게를 차려 자녀들을 가르쳤는데, 큰아들이 커서 큰 자동차회사에 들어갔고 아이디어 상으로 받은 상금 5천만원을 아버지의 동창회에 기부했다는 아름다운 편지였습니다.
 인애하신 주님, 저는 이 글을 읽으면서 누군가를 위해 통 크게 도와준 것이 있는지를 뒤돌아보니 한없이 부끄러웠습니다. 내가 살기 힘들다는 이유로 기껏 1,2백만원, 그것도 고작 한 두 번이었습니다. 주님, 오랫동안 신앙생활을 해온 성도들이 몸져누웠을 때도 주스 한 통 들고 병원에 들여다보거나 전화 한 통하는 것이 전부였기에 한없이 부끄러웠습니다.
 저희들의 크고 작은 신음에도 응답하시는 주님, 저희들에게 주위 사람들을 보살피고 그들을 위해 목 놓아 기도하며 때로는 주머니를 털어서 힘이 되어주는 측은지심을 주시옵소서. 거룩한 바리새인이 되기보다 착한 사마리아인의 마음으로 세상을 살아가게 하시며 주변의 작은 신음에도 귀 기울이게 하시옵소서.

저희 교회에서도 지난 송구영신 예배 때 익명으로 거액을 헌금한 분이 계시며, 그 자신 암투병을 하면서도 시각장애인들을 위해 큰돈을 내어놓은 진정한 주님의 자녀들이 있음을 기억해주시옵소서. 그들의 헌금에 저희들의 마음을 더하여 창대한 기금으로 커가게 하시며 세상을 밝히는 큰 빛이 되게하여 주시옵소서. 그들의 아름다운 이야기가 우리 교회의 전설로 남게하여 주시며 저희들의 삶에도 그런 결단의 마음을 주시옵소서. 가진 것이 없다면 눈물로 기도하게 하시옵소서.

거룩하신 주님, 예수님의 삶을 머리로 이해하기보다 몸으로 반응하고 입을 열어 찬양하게 하시며 하나님의 마음으로 세상을 품는 성도들이 되게 하여 주시옵소서.

주님, 이 시간에도 세계 도처에서 하나님의 나라 확장을 위해 헌신하는 선교사들을 기억하여 주시며 빛도 없이 이름도 없이 수고하는 손길을 축복하여 주시옵소서.

오늘도 저희들을 위해 기도하시기를 멈추지 않으시는 우리 주 예수 그리스도의 이름으로 기도하옵나이다. 아멘.

접촉과 연결

거룩하신 주님, 오늘도 이 자리에 예배자로 불러주시니 감사합니다. 찬양과 경배를 올려드리오니 이 시간 주님 홀로 영광을 받으시옵소서. 특별히 오늘 추수감사절로 지키게 하시니 감사합니다. 변명 같지만 지난해에 비해 드리는 손길이 변변치 못하오니 마음만 받아주시옵소서.

주님, 저는 오늘 아침 교회에 나오면서 하나님과 접촉만하고 있는지, 깊숙이 연결하고 사는지 혼자서 물었습니다. 엄청난 속도로 변해가는 정보화 사회에서 우리는 핸드폰 하나로 많은 사람들과 접촉하고 있습니다. 카톡이나 문자 메시지, 페이스북 같은 SNS로 접촉하면서 지구촌 사람들과 이웃사촌으로 살고 있습니다. 하루에도 수 많은 사람들과 안부를 물으며 접촉하고 살아갑니다.

두어 달 전 친구가 세상을 떠나 조문을 다녀왔고 또 다른 친구의 아들 결혼식에 다녀왔습니다. 그러나 친구가 세상을 떠난 뒤 초로의 아내와 자녀들이 어떻게 지내고 있는지, 막 결혼한 자녀들은 어떻게 살아가고 있는지 물어볼 생각도 없이 또 그렇게 장례식장과 결혼식장을 오가고 있습니다. 바쁘다는 이유로, 거리두기라는 이유로 건성으로 악수하고 건성으로 헤어지는 세상입니다.

주님, 저는 그들과 접촉하고 있는 것입니까? 연결하고 있는 것입니까? 카톡이나 문자 메시지를 보내는 것처럼 형식적으로 접촉만 하고 살고 있는 것 같아 마음이 무겁습니다.

　세상을 떠난 친구는 죽마고우였기에 당연히 가족들의 안부를 물어야 했고 부모님과 형제들의 아픔도 깊숙이 살펴야 하는데, 모든 것을 생략해 버린 이 차갑고 비정한 세상살이를 언제까지 계속해야 할까요?

　주님, 주일마다 성도님들을 만나 웃는 얼굴로 인사를 나누고, 더러는 주먹을 맞대며 파이팅을 외쳐보는데 그가 지금 어떤 신음을 하고 있는지, 무슨 어려움이 있는지는 알지 못합니다. 아니 알려고 하지도 않았습니다. 접촉만 하고 있을 뿐 연결은 하지 못하고 살아가고 있음을 회개합니다.

　그렇다면 주님, 저는 주님과 접촉하고 있습니까? 연결하고 있습니까? 한평생 주님을 섬겼다면서 하나님과 접촉만하고 연결됨이 없다면 이 얼마나 가슴치며 통곡할 일인가요. 주님, 오늘 이 시간, 우리 교회 모든 성도들이 접촉이 아니라 하나님과 깊숙이 연결되는 시간이 되기를 원합니다.

　오늘 단 위에 서신 담임목사님의 말씀이 하나님과 저희들을 연결하는 밧줄이 되고 접촉 불량이 아니라 심령, 심령마다 밝은 불빛들이 찬란하게 켜지게 하여 주시옵소서.

　주님, 밥은 먹고 사는지, 잠자리는 있는지, 교회는 빠지지 않고 나가고 있는지, 배우자를 먼저 떠나보내고 얼마나 외롭게 지내고 있는지 따스한 음성으로 안부를 묻고 가능하면 두 손 꼭 잡고 두 눈 맞추고 바라보게 하여 주시옵소서.

　오늘도 우리 등 뒤에서 접촉이 아니라 깊숙이 연결하기를 원하시는 우리 주 예수 그리스도의 이름을 기도 하옵니이다. 아멘.

빈틈이 있는 사람이 되고 싶습니다.

　거룩하신 주님, 이 아름다운 성전에서 다시 예배하게 하시니 감사합니다. 호흡이 있는 자마다 여호와를 찬양하라고 하신 주님, 지금 우리 모두는 기쁨의 노래를 부르며 춤을 추며 주님을 경배합니다.
　찬양과 기도가 멈춰버린 적막한 성전에 찬송이 울려 퍼지고, 뜨거운 성령의 불길이 다시 피어올라 이 시간 우리 모두 성령을 체험하는 신령한 예배가 되게 하여 주시옵소서.
　거룩하신 주님, 마스크를 쓰라는 것은 비단 비말을 차단하고 바이러스를 막기 위한 것만이 아니라, 부끄러운 얼굴을 가리고 네 말 좀 그만하고 겸손하게 주님의 말씀을 들으라는 뜻도 있음을 깨닫게 하여 주시옵소서.
　손을 씻으라는 것은 더러운 세균을 씻어내라는 뜻도 있지만 세상 쾌락에 취해 살아가는 잘못된 행동을 당장 끊어버리라는 엄중한 명령도 담겨 있음을 알게 하여 주시옵소서. 거룩하신 주님, 지금 당장 마스크를 벗어 던져도 부끄럽지 않은 얼굴로 살아가게 하시며 더러운 것들과 결별하는 결단이 있게 하시옵소서.
　현장예배를 드리지 못하는 지난 몇 달 동안 사랑하는 집사님, 권사님들께 안부 전화도 하지 않았고 나의 안전, 내 가족 우리 교회 우리 동네 우리나라의 안전만을 생각하는 작은 자였음을 고백하오니 용서하여 주시옵소서.

주님, 오늘 아침 작은 창틈을 통해 차가운 가을바람이 스미고 그 창틈으로 아침 햇살 한줄기가 집안 깊숙이 들어오는 것을 보았습니다. 빈틈이 있어야 바람이 통하고 햇살도 들어오는데 지금까지 제 안에 나와 우리만 채우다 보니 주님이 들어오실 빈자리가 없었습니다. 주님 낮은 자로, 겸손한 마음으로 주님의 자리를 내어드리오니 내 안에 오셔서 해야 할 일과 하지 말아야 할 일을 분별하게 하시옵소서.

주님, 오늘 말씀을 듣고 단위에 서신 담임 목사님을 기억하여 주시고 입술에 은혜가 흐르게 하시며 시원한 한 줄기 바람 같은 성령으로 우리를 양육하고 치료하는 목자로 삼아주시옵소서. 세상일에 마음 쓰지 않도록 모든 여건을 허락하여주시며 동역하시는 교역자들에게도 동일한 은혜를 주시옵소서.

주님, 코로나19가 다소 진정되었다고는 하지만 찬양대가 듬성듬성 비어 있고 성전도 거리두기로 인해 도무지 온기가 없습니다. 빈자리는 우리 주님이 앉아주시옵소서. 하루속히 이 전이 가득 차게 하시며 마음껏 목놓아 찬양하는 날이 오게 하여 주시옵소서. 그러나 이 일 또한 우리 뜻대로 마시옵고 주님 뜻대로 하시오며 나의 처지 때문에 눈물 흘리기보다 아버지를 위해 울게 하옵소서.

이 시간 세계 도처에서 하나님을 증거 하는 선교사님들과 코로나19 현장에서 목숨을 걸고 치료하는 의료진들을 보살펴 주시기를 원하오며 속히 우리의 예배를 회복시켜 주시옵소서. 저희들의 빈틈을 채워주시고 등 뒤에서 위로해주시는 우리 주 예수 그리스도의 이름으로 기도하옵나이다. 아멘.

지름길

주님, 겨울이 가고 봄이 왔습니다. 시간의 흐름 속에 살아계셔서 오늘도 우리의 곁을 지나시는 주님. 옷자락을 붙잡는 결정적인 시간이 되기를 간절히 원합니다. 주님, 이 어리석은 자들은 지난 주간에도 하나님께 맡겨야 할 일을 맡기지 못하고 하나님이 당연히 해주시는 일, 먹을 것과 입을 것들에 목메어 살았습니다. 용서하여 주시옵소서.

오늘 이 시간 하나님께 맡겨야 할 일과 저희들이 해야 하는 일을 확실히 구별하는 지혜를 주시옵소서. 사랑의 주님, 많은 사람들이 지름길로 가기를 원합니다. 주님, 하나님의 나라로 가는 지름길은 어디인가요?

로마에 가면 로마의 법을 따르라는 말이 있듯이 하나님의 나라에 속한 저희들은 하나님의 법을 따르는 것이 지름길임을 깨닫게 하여 주시옵소서.

아침에 온 자나, 낮에 온 자나, 해거름에 온 자에게 똑같은 품삯을 주신 것은 세상의 이치로 따지면 분명히 맞지 않는 일입니다. 그러나 그것이 하나님 나라의 법이라면 이 시간 확실히 아멘으로 화답하는 은혜를 주시옵소서.

사랑의 주님, 우리 교회가 광주의 중심이 되게 하시니 감사합니다. 우리가 이곳 매월동으로 올 때는 허허벌판에 십자가 하나 세워졌지만 이제 힘차고 우렁찬 포크레인 소리가 들리고 있습니다. 희망의 바퀴소리입니다. 지역의 중심, 말씀의 중심, 영혼 구원의 중심이 되게 하여주시옵소서.

실망을 희망으로, 고난을 행복으로 바꾸시는 하나님, 이 시간 건강의 문제로, 물질의 문제로, 인간관계의 문제로 고통받는 성도들이 스스로의 믿음을 통해 매듭을 확 풀어버리는 은혜의 시간이 되기를 원합니다.

지금은 사순절 기간입니다. 가시관처럼 헝클어졌던 일들이 가지런히 정리되게 하시고 한 번이라도 고난에 동참하는 마음을 주시옵소서.

주님, 믿음과 근심은 제로섬 게임이라고 하지요. 믿음이 커지면 근심과 걱정은 줄어들고 믿음이 줄어들면 근심이 커지는 '영'의 게임에서, 오늘 이 시간 믿음의 분량을 키워 근심과 걱정을 확 줄이게 하여 주시옵소서. 추운 겨울을 이기고 툭툭 터지는 저 봄꽃송이처럼 세상천지에 하나님의 향기를 터뜨리는 하나님의 전령이 되게 하옵소서.

오늘도 이 예배를 위해 헌신한 자들을 기억해 주시옵고 성가대의 찬양을 흠향하시옵소서. 저희들의 간구가 화살기도가 되어 하나님의 방향으로 쏜살같이 날아가기를 원하오며 우리 주 예수 그리스도 이름으로 기도하옵나이다. 주님, 봄입니다. 아멘.

고개를 끄덕이는 은혜

　주님, 오늘은 특별히 주님이 주실 수 있는 수많은 은혜 가운데 고개를 끄덕이는 은혜를 주시옵소서.
　주일 아침 교회에 나오는 길에 갑자기 택시가 끼어들어 깜짝 놀랐더라도 급한 일이 있었으려니 생각하며 그냥 고개를 끄덕이게 하여 주시옵소서. 장로님, 안수집사님, 권사님으로부터 실망스런 모습을 보았더라도 어쩌다가 오늘만 그랬을 것이려니 하며 고개를 끄덕이게 하여 주시옵소서.
　금이야 옥이야 길렀던 아이들이 무릎을 떠나간 뒤 전화마저 뜸해지고 발걸음을 멈춘 지 한참이 되었더라도 세상살이가 팍팍해 그러려니 하며 고개를 끄덕이게 하여주시옵소서. 어미새처럼 한걸음 물러서서 자식들을 바라보게 하시며 말하기보다 먼저 고개를 끄덕이고 미소로 답하는 어버이가 되게하여 주시옵소서.
　죽자 살자 붙어살던 친구들이 하나씩 멀어져가고, 남선교회, 여전도회, 집사회, 권사회로 만났던 형제자매들이 코로나를 핑계로 얼굴도 못 보고 전화조차 끊긴 지 오래되었더라도 무소식이 희소식이려니 하며 그냥 고개를 끄덕이게 하여 주시옵소서.
　크리스천들을 향한 세상의 비판이 억울할지라도 기도가 부족했고 우리의 행위가 바르지 못했기 때문이라고 생각하게 하시며, 혹여 오늘 목사님의 설교가 조금 길어진다 하더라도 우리에게 진정 먹이고 싶은 말씀 때문이려니 생각하며 고개를 끄덕이게 하여 주시옵소서.

아무런 일이 일어나지 않은 것이 기적이고, 이 시간 좋은 성도들과 함께 예배하는 것이 행복이고, 오늘 아침에 다시 깨어난 것이 엄청난 축복이라는 평범한 진리에도 고개를 끄덕이게 하여 주시옵소서.

그러나, 그러나 주님, 우리 주님의 이름을 망령되이 부르거나 나 외에 다른 신을 두지 말라는 말씀을 거역하는 일에는 고개를 꼿꼿이 들고 고개를 내어 젓는 용기를 주시옵소서. 거룩한 바리세인들의 기도보다 '하나님이여 불쌍히 여기소서. 나는 죄인이로소이다'라고 고백했던 세리의 기도를 들어주신 주님. 오늘의 기도가 하나님 기준에 크게 부족하더라도 마음의 평화를 갈구하는 간절함으로 헤아려 주시옵소서.

거룩하신 주님, 지하에서 나오기 위해서는 맨 먼저 출구를 찾아야 하듯이 어떤 상황에서도 우리의 출구가 되시는 주님만을 찾게 하시옵소서. 인생 열차는 왕복권이 없고 인생길에는 연장전이 없다고 하지만 우리 크리스천들은 분명히 되돌아 갈 수 있는 티켓이 있고 천국이라는 또 하나의 후반전이 있음을 확신하며 당당하게 살게 하여 주시옵소서.

우리 인생 여정의 유일한 출구가 되시는 우리 주 예수 그리스도의 이름으로 간절히 기도하옵나이다. 아멘.

홍수

거룩하신 주님. 폭풍과 폭우. 불덩이 같은 날씨 속에서도 지켜주시고 남겨주시니 감사합니다. 오늘은 특별히 감사드릴 일들이 많아 더욱 겸손한 마음으로 성전에 올라와 무릎을 꿇습니다. 주님 홀로 영광을 받으시옵소서.

주님, 노아의 홍수 때가 그랬을까요? 온천지가 물바다가 되고 남극과 북극의 얼음덩어리가 녹아내려 지구촌이 온통 불덩어리입니다. 수많은 사람이 물에 잠기거나 바람에 휩쓸려 목숨과 재산을 잃었습니다. 그 많은 죽음 가운데서도 착하기 짝이 없던 어떤 버스 기사의 사연과 한낮에 비닐하우스에 나갔다가 돌아오지 못한 노부부의 이야기가 너무도 슬픕니다.

거룩하신 주님, 하나님은 밭고랑에 물을 든든히 대시고 그 이랑을 평평하게 하시며 단비로 부드럽게 하시고 그 싹에 복 주시는 분이 아니신가요? 주님, 상처투성이의 이 땅을 평평하게 하시고 부드럽게 하시며 새싹이 다시 돋아나오게 하시옵소서. 슬픔 속에 갇힌 자들을 위로하시며 저희의 마음속에 그들이 형제요 이웃이라는 생각을 주시옵소서.

주님 저희는 장마와 태풍 속에서 해와 달과 별이 뜨지 않았음에도 해와 달과 별이 있음을 의심하지 않은 것처럼, 주님은 폭우와 재난 속에서도, 침묵 속에서도 쉬지 않고 일하고 계신다는 것을 깨닫게 하셨나이다.

또한 주님은 늘 우리 곁에 계시는데 너무 큰 소리로 부르고 살아왔습니다. 멀리 있는 사람을 부를 때라야 큰소리가 필요한데 주님과 마음의 거리가 너무 멀었나 봅니다. 마음의 거리가 날마다 시간마다 가까워지게 하시며 입속에서 웅얼거리는 기도도 주님 들어주시옵소서.

주님, 돌아보니 머나먼 길을 걸어왔습니다. 이 세상에 있는 학교라고는 모두 졸업했는데 우리 주님의 학교는 졸업이 없으니 얼마나 좋은지요. 이 자리에 있는 모든 성도가 졸업이 없는 교회에서 십자가 단단히 붙잡고 살다가 그때, 거기서 만나기를 간절히 간절히 소망합니다. 특별히 크리스마스를 기다리는 사람은 꼭 크리스마스를 만나게 하여 주시옵소서

주님, 청년의 때에 데려가지 마시고 중년에는 가정과 사회를 이끄는 책임감 있는 사람으로, 노년이 되어서도 끝까지 자애롭고 관대하며 사랑이 가득한 근사한 노인으로 살아가게 하시옵소서.

주님, 우리 교회가 많은 보물을 간직한 박물관 같은 교회가 아니라 보물을 나눠 써 버리는 교회가 되기를 원합니다. 이른 시간 하나님을 찬양하는 찬양대를 축복하시오며 폭풍과 폭우 속에서도 해와 달과 별을 운행하시는 우리 주 예수 그리스도의 이름으로 기도하옵나이다. 아멘.

손편지 1. 털신 한 켤레

주님, 오늘 아침, 참으로 감동적인 편지를 받았습니다.

며느리가 시어머니께 털신 한 켤레를 사드렸는데 바로 그날 그 털신을 잃어버리고 낡은 슬리퍼를 신고 돌아오셨더랍니다. 속이 상한 며느리가 어디서 잃어버렸냐고 따져 묻자 식당에서 누가 바꿔 신고 간 것이니 더는 묻지 말라고 하더랍니다. 그런데 며칠 후 친구가 보낸 동영상을 보니 시어머니가 어느 가난한 할머니에게 털신을 신기고 자신이 슬리퍼를 신고 돌아서는 장면이었습니다.

며느리는 너무너무 부끄러워 그 길로 좋은 털신 한 켤레를 다시 사다 드렸다는 내용인데 편지글을 읽기 시작한 순간부터 눈시울이 붉어지고 나중에는 눈물이 주르르 흘러내렸습니다.

주님, 시어머니가 식당일을 하는 것으로 보아 넉넉한 것 같지 않고 며느리가 털신 한 켤레 때문에 애통해하는 것을 보니 어렵게 살아가는 가난한 우리의 이웃인 것 같은데 너무도 아름다운 이야기이기에 스스로를 뒤돌아보며 많은 반성을 하였습니다.

지하철역에서 구걸하는 사람들에게 천 원짜리 지폐 한 장 가만히 내려놓고 돌아섰던 것이 언제였던가를 생각하니 한참의 세월이 지났습니다. 내 삶이 더 나빠진 것도 아닌데 주위 사람들을 되돌아보지 못하고 나의 삶만 열심히 살아왔음을 고백합니다.

주님, 고희를 넘긴 이제는 따스한 눈길과 손길로 세상을 바라보게 하여 주시옵소서. '내려갈 때 보았네. 올라올 때 못 본 그 꽃'이란 시처럼 조금은 더 찬찬히 세상을 바라보면서 마음이 가는 대로 행동하게 하여 주시옵소서.

거룩하신 주님, 오늘 아침 며느리의 손편지를 보면서 손편지를 써본 것이 언제인지 되돌아봅니다. 세상살이가 바쁘다는 핑계로 카톡이나 문자 메시지로 대신하며 살아왔습니다. 깊은 생각도 없이 그때그때, 빨리빨리 반응하고 살아온 삶이었기에 깊은 속마음을 담지 못했음을 고백합니다.

오늘 이 시간, 찬찬히 주님께 손편지를 씁니다. 주님이 싫어하시는 '미주알고주알'의 이야기를 들어주세요. 우리 교회 김 권사님의 딸이 아이를 낳아 어쩔 수 없이 할머니가 되었다는 엄살 섞인 자랑도 들어주시고, 너무도 건강한 사람이 갑자기 세상을 떠나는 바람에 교회가 울음바다가 되었다는 슬픈 이야기도 들어주세요.

'하나님 전 상서'라는 이 손편지가 진정한 기도가 되었으면 얼마나 좋을까요. 주님, 학창시절 부모님 곁을 떠나 객지에 살면서, 군대에 가서 편지 첫머리에 썼던 '전 상서 (前 上書)'는 부모님께 올리는 정성스런 글이었음을 떠올립니다. 오늘은 그동안 못다 한 속엣말을 손편지로 올려드리오니 주님, 삐긋이 웃으시며 읽어주세요. 대한민국 광주에서 지형원 장로 올림.

손편지 2. 어떤 축의금

주님, 오늘은 너무 아름다운 이야기가 있어 주님께 손편지를 씁니다. 직장에서 돌아와 부모님께 그날 있었던 이야기를 해드리듯이 주님께 세상 이야기 하나를 전합니다.

어떤 사람이 청첩장을 받았는데 딸 결혼식 때 거액의 축의금을 보냈던 친구였답니다. 그 사람은 그때나 지금이나 생활이 녹록하지 않은 터라 고민고민하다가 축의금만큼의 돈을 빌려 결혼식장에 갔더랍니다. 며칠 후 친구로부터 편지가 한 통 도착해 뜯어보니 "자네 사정 내가 아는데 웬 거액이냐, 와준 것만으로도 고마워"라고 쓰고 축의금 가운데 1만 원을 빼고 전액을 되돌려 보내왔다는 이야기였습니다.

주님, 세상이 갈수록 삭막해지고 비정하다고 하지만 이런 아름다운 이야기가 끊이지 않고 이어지는 것을 보면서 세상은 살만한 곳이라고, 아직도 우리에겐 희망이 있다고 자위해봅니다.

어느 과부의 두 렙돈을 크게 여기셨던 주님, 주님이 원하시는 것이 물질의 많고 적음이 아니라 기쁜 마음으로, 전부를 드리기를 원하고 계신다는 사실을 깨닫게 하여주시며 주님을 향한 모든 언행이 항상 기쁨으로, 자원하는 마음으로 충만하기를 원합니다.

주님, 오늘 아침 일터로 나가면서 누구에겐가 기쁨을 주지는 못하더라도 상처를 주는 일은 없어야 한다고 다짐했는데, 돌아보니 많은 사람에게 상처를 준 것 같아 마음이 무겁습니다. 만났던 사람의 이야기에 집중해주지 못했고, 고맙다는 말도 인색했습니다. 내가 웃어야 거울이 웃는다고 했는데 내가 먼저 웃지도 못했습니다.

주님, 저는 왜 비탈길에 놓인 동그란 공처럼 자꾸만 제자리로 돌아오고야 마는 것입니까? 생각이 변했으면 행동도 변해야 하는데 생각만 변하고 행동은 변하지 않으니 주님의 나라 문턱에서 매번 낭떠러지로 굴러내리고 있습니다. 주님 불쌍히 여겨주시옵소서.

용서하기를 좋아하시는 우리 주 예수 그리스도의 이름으로 기도합니다. 아멘.

손편지 3. 미안합니다 〈성도님들께〉

　사랑하는 성도 여러분, 아니 말로만 사랑한다고 하면서 한 번의 문안 전화도 드리지 못해 미안합니다. 돌아보니 너무나 오랫동안 만나지 못했습니다. 코로나19가 곧 끝나리라는 생각으로, 그리고 곧 대면 예배가 시작될 것이라고 생각하다가 그리되었지만 아무리 생각해도 전화 한 통화 드리지 않은 것은 큰 불찰이고 잘못입니다.
　우리가 만나지 못하는 동안 어떤 성도님은 사랑하는 가족을 여의고 참을 수 없는 슬픔에 잠겨 있기도 하고 어떤 성도님은 사업체의 셧다운으로 생계를 걱정해야 하는 사람도 있을 것입니다. 성도님 한 분 한 분의 사정을 모두 헤아릴 수는 없지만 그래도 특히 여행업이나 식당, 서비스업을 하시는 분들에게 지난 몇 달은 가히 형극의 시간이었을 것입니다.
　주일마다 만나 웃는 얼굴로 인사를 나누고 안부를 묻던 형제들이 알게 모르게 큰 어려움에 싸여 있는데 "요즘 어떻게 살아가느냐"고 물어보지도 않고 내 사는 일에만 정신을 쏟고 있었으니 그러고도 내가 장로인지 되묻지 않을 수 없습니다. 내가 지난 6개월여 동안에 직접 전화를 걸어 안부를 살핀 사람이 손가락으로 헤아릴 정도입니다.
　이것이 사랑입니까? 그다지 가깝게 지낸 사이도 아닌데 전화를 거는 것은 뜬금없는 일이기도 합니다만, 그래도 너무 오랫동안 만나지 못하니 당신이 참 보고 싶습니다.

엊그제 저녁, 혼자서 교회에 다녀왔습니다. 밤이 깊어 아무도 없는 텅 빈 교회 뜨락에 앉아 코스모스가 피어있던 어느 해 가을을 떠올려보았습니다. 그때는 참 아름다웠습니다. 나 말고도 교회가 그리운 사람들이 들렀다가 우연히 만나 커피도 나누고 얘기꽃을 피우기도 했는데 엊그제 저녁은 너무 고요했습니다. 왈칵 눈물이 쏟아지려고 했습니다.

우리 교회가 이곳으로 옮겨온 이후 참 많은 사람들이 세상을 떠나기도 했고 타지로 이사를 가거나 교회를 떠난 사람도 있는데 그 사람들이 일순 별빛 같은 그리움으로 밀려왔습니다. 주일마다 만나서 같이 예배하고 사랑한다고 말했던 이들, 애경사를 같이 하며 정을 나눴던 사람들을 까마득하게 잊고 있음에 두려움이 몰려왔습니다.

잊혀진 것처럼 슬픈 일이 있을까요? 늦었지만 오늘이라도 몇 사람에게 전화를 걸어봅시다. 무슨 일이냐고 물으면 "그냥 궁금해서"라고 말해 버립시다. 성도 모두에게 전화를 걸 수는 없지만 정말 보고 싶은 사람, 안부가 궁금한 사람부터 전화를 걸어봅시다.

저는 요즘 폭풍전야의 잔잔한 불안감에 싸여 있습니다. 주일예배도 수요예배도 새벽예배도 드리지 않는 사이에 나도 모르게 '안일함'에 젖어 있어 자꾸만 불안해집니다. 더욱이 몇몇 교회 때문에 교회 전체가 매도당하는 현실이지만 그래도 기죽지 맙시다. 하나님 믿는 일은 포기할 수 없잖아요.

그래요, 우리 안일과 나태를 벗고 서로 전화도 하고 가끔은 달빛이 비추는 밤에 교회에도 들러 십자가 꽃길도 걸어보십시다. 9월 첫 주 귀뚜라미 소리도 들리네요. 미안했습니다. 그리고 감사했습니다.

사랑이 많이 부족한 장로 올림.

행복을 심으면

　행복의 비결은 많은 것, 혹은 좋은 것을 손에 넣는 것이 아니라 포기할 것을 확실히 아는 것임을 알게 하여 주시옵소서. 잘 가꿔진 꽃길을 찾아 걷는 것이 아니라, 내 앞에 놓인 길에 꽃씨를 뿌리고 가꾸고, 이따금 우연히 발견하는 꽃들에 감사하는 것임도 알게 하소서.
　잘산다는 것이 부자로 사는 것이 아니라 하나님의 날개 그늘 아래 살면서 하루하루 행복하게 살아가는 것이 웰빙의 삶임을 깨닫게 하여 주시옵소서. 잘못 산다는 것이 가난한 삶이 아니라 주님을 모르고 세상 속에서 방황하는 삶이라는 것을 알고 잘사는 삶으로 돌아오게 하시옵소서.
　주님, 어젯밤 비바람이 몰아쳤는데 오늘 아침이 이리도 맑고, 어제 온종일 먹구름으로 싸였던 하늘이 오늘은 이리도 창창한데 어렵고 힘들 때 밝은 내일이 온다는 확신도 잊지 않게 하소서. 콩 심은 데 콩 나고 팥 심은 데 팥이 난다면 행복을 심어 행복이 나게 하시고 믿음을 심어 믿음이 나게 하시옵소서.
　성경을 수없이 읽고 열심히 예배를 드리고 많은 봉사와 헌금 생활을 했음에도 기도의 응답을 받지 못했다고 하여 실망하지 않게 하시며 하나님의 나라에 가기 위해서는 하나님 나라의 비밀번호를 정확히 알아야 한다는 것을 잊지 않게 하여 주시옵소서.
　자기 자신이 온전히 하나님께 용납되기 위해서는 자신의 공로가 아니라 흠과 죄뿐임을 고백하고, 나를 사랑하사 나를 위해 십자가에서 대신 죽으신 예수님의 이름에 의지할 때 가능한 것임도 깨닫게 하여 주시옵소서.

근묵자흑(近墨者黑)이라 했던가요. 먹을 가까이하면 검어진다고 하였으니 예수님과 가까이함으로 예수님을 닮게 하시며 내 몸에서 예수님의 향기가 풍기게 하시옵소서. 예수님의 향기를 품은 성도들과 함께함으로 오늘 이 시간, 이 장소가 향기로운 예수님의 꽃밭이 되게 하여 주시옵소서.

말씀의 향기로 우리를 치유하시는 예수님의 이름의 기도하옵나이다. 아멘.

후회와 회개

만남을 통해 축복을 예비하시는 주님, 사랑과 은혜를 찬양합니다. 거룩한 주일 예배의 자리에 불러 주시니 감사합니다. 주님의 품 안에서 가정의 달 5월을 보내게 하시고 다시 한번 가족의 소중함을 깨닫게 하시니 감사합니다. 이 예배를 통해 주님 홀로 영광 받으시옵고 저희에게는 한없는 은혜의 시간이 되기를 원합니다.

특별히 지난 주간 '당신은 진짜인가'라는 주제의 부흥회를 통해 각자의 신앙을 점검하고 새롭게 거듭나게 하는 기회를 주신 것 너무 감사합니다. 그날의 다짐과 각오가 평생 동안 식지 않게 도와주시옵소서.

주님, 긴 인생길을 되돌아보니 후회되는 일들이 너무 많습니다. 지난밤에도 잠자리에 누워 후회스러운 일들로 인해 베갯머리를 적셨습니다. 송나라 시대의 현자인 주자는 '열 가지 후회'를 가르쳤습니다. 부모님께 효도하지 않으면 돌아가신 뒤 후회하고 젊어서 공부하지 않으면 늙어서 후회하고, 봄에 씨앗을 뿌리지 않으면 가을에 후회하고 풍족할 때 아끼지 않으면 가난해져서 후회한다는 가르침이지만 주님, 저희는 후회하기보다 회개하는 삶을 살기 원합니다.

우리 예수님을 은전 서른 닢에 팔았던 가룟 유다도 뒤늦게야 후회하고 자결했지만 무슨 소용이 있습니까. 이 자리에 있는 저희 모두는 후회하는 자가 아니라 회개하는 자들이 되게 하여 주시옵소서.

첫 닭이 울기 전에 세 번이나 예수를 부인했던 베드로는 새벽닭이 우는 소리를 듣고 큰 소리로 울며 회개했고 그리스도를 핍박하던 바울은 회개하고 그리스도를 전파하는 새사람으로 변화했던 것처럼, 주님 이 자리 있는 저희 모두는 뉘우치고 고쳐지는 회개의 삶을 살게 하여 주시옵소서.

거룩하신 주님, 지난날을 되돌아볼 때 저희는 수없이 후회를 반복하면서 회개하지는 않았습니다. 그리하여 같은 잘못을 되풀이하고 또 같은 후회를 되풀이하는 어리석은 삶을 살아왔습니다. 그러나 주님, 회개의 기회를 주시니 감사합니다. '효도할 것을, 씨를 뿌릴 것을, 아끼며 살 것을' 하며 후회하는 삶이 아니라 지금 당장 마음을 고쳐먹는 자들이 되게 하여 주시옵소서.

오늘 선포하시는 말씀을 통해서도 후회가 아니라 통절한 회개가 있게 하여 주시옵소서. 의사는 의료분쟁으로 고통받는 환자들을 위해 환자 곁으로 돌아오고, 위정자들은 백성들의 소리에 귀 기울여 그들의 눈물을 닦아주는 것이 진정한 회개인 것을 깨닫게 하여 주시옵소서.

주님, 교회를 통해 주님을 만나게 하시고 원로목사님과 은퇴 목사님들과의 만남의 축복을 주신 것 감사합니다. 또 장로님과 집사님, 권사님, 성도님, 그리고 주일학교 선생님들을 만나게 하신 것 감사합니다, 그 만남이 축복이 되게 하시옵소서. 특별히 이른 아침부터 주님을 찬양하는 예배 전 찬양팀과 찬양대를 기억하여 주시옵소서.

오늘도 "회개하라, 때가 가까웠느니라"라고 부르짖으시며 우리를 끝까지 사랑하시는 예수님의 이름으로 기도드리옵나이다. 아멘.

행복의 비밀번호

들에 핀 백합화를 보라고 하신 주님, 하늘에 나는 새를 보라 하신 주님, 농사하지 않으나 저희를 먹이시고 입히시는 주님, 감사합니다. 철 따라 꽃을 피워 향기를 주시고 맛있는 과실을 배불리 먹게 하시고 하나님의 자녀 삼아 주시니 감사, 감사합니다.

주님은 저희들에게 무엇을 먹을까, 무엇을 마실까 구하지 말라고 하셨는데 부족한 저희들은 세상이 구하는 것들을 구하며 살았습니다. 용서하여 주시옵소서.

주님, 오늘 이 거룩한 주일 아침 가만히 생각해보니 감사가 넘치나이다. 세상 부모님을 정해서 이 땅에 태어나게 하시고, 교육받게 하시고 세상을 살아가는 지혜를 주셔서 지금껏 잘 살아왔나이다. 환갑이 넘은 지금까지 어머니라고 부를 수 있어 감사하고, 형님과 누나 동생들이 있어 감사하옵고 더욱이 자녀를 주시고 토끼 같은 손주들을 통해 효도 받게 하시니 감사합니다. 더러는 아픔도 있을 것이나 나보다 더 많은 아픔에 처한 형제에 비하면 얼마나 감사하고 위로가 되는지, 이 어리석은 종은 이제야 주님의 깊은 뜻을 헤아리고 있습니다.

더욱이 부모 형제도 일 년에 몇 차례 밖에 못 만나고 살아가는 세상에서 주일마다, 3일 밤마다 귀한 하나님의 자녀들과 만나 정을 나누게 하시고 인생살이를 함께 하게 하시니 감사합니다.

주님, 제가 높은 건물옥상에 올라 세상을 바라보니 추하고 더러운 것들만 눈에 보였는데 이렇게 땅으로 내려와 보니 아름다운 꽃이 보이고 나무도 보이고 물소리도 들리니 천국에 온 것 같습니다. 내려놓음을 통해 또 다른 축복을 허락하신 주님, 살아가는 동안에 부끄러운 것까지 내어 놓고 위로를 통해 완전한 치유가 있게 하여주시옵소서.

아무리 훌륭한 나무라도 사막에 심어지면 무슨 소용이나요. 하찮은 풀꽃이라도 시냇가에 심어져 철따라 열매를 맺으며 그 잎사귀가 마르지 아니하고 풀꽃의 향기를 품어내면 그런대로 행복한 삶이 아닌가요

주님, 자식 집에도 마음대로 가지 못해 경비실에 보따리를 맡기고 돌아가야 하는 세상에, 시부모가 찾지 못하도록 아파트 이름을 어렵게 붙인다는 세상에, 시어머니가 마음대로 자식 집에 오시도록 비밀번호를 맞춰 둔 며느리가 있으니 얼마나 감사한지요. 미처 생각하지 못했다면 오늘 당장 비밀번호를 일치시키는 화합과 일치의 가정을 허락하여 주시옵소서.

가을의 초입입니다. 눈이 부시게 푸르는 날은 그리운 사람을 그리워하자고 노래했던 시인처럼, 오늘 우리도 그리운 사람을 그리워하며 살아가기를 원합니다. 비밀번호를 일치시켜 행복을 일치시키는 축복의 날이 되기 원하오며 우리 주 예수 그리스도의 이름으로 기도하옵나이다. 아멘.

하나님께 발견되는 사람

거룩하신 하나님,

물과 피로 임재하시며 성령으로 우리를 주관하시는 하나님 아버지, 존귀와 찬송을 올려드립니다. 저희가 회개의 기도를 드릴 때마다 또 무조건 용서해 주시니 감사 합니다. 특별히 매우 세력이 약한 오미크론을 통해 대유행을 거두어 가심을 보면서 하나님은 여전히 살아계셔서 우리들의 기도에 응답하시고 계심을 확인합니다.

지난 2년여 동안의 게으름과 불충(不忠)을 용서하시고 앞으로 삶은 '내 눈에 아무 증거 아니 보여도, 믿음만을 가지고서 늘 걸으며, 이 귀에 아무 소리 아니 들려도 하나님의 약속 위에 서리라'는 믿음으로 살아가게 하시옵소서

혼란 가운데서도 어김없이 봄을 허락하시니 감사합니다. 코로나를 모르는 홍매화는 올해도 언가슴에 불을 지피며 솟아오르고 냇가의 버들가지는 벌써 푸른 가지를 흔들며 봄 마중을 나왔습니다.

거룩하신 주님, 하나님의 이름이 거룩히 여김을 받는 한해로 살기를 원합니다. 성공해도 휘둘리지 않고 끝까지 겸손하며, 실패해도 실망하지 않고 하나님의 뜻을 구하며 묵묵히 참아내며, 곁에 있는 사람을 인격적으로 사랑하며 돕고 섬기는 삶이 되기를 간절히 원합니다.

물과 피로 임재하시며 성령의 주관자이신 하나님, 올해는 입술로 기도

하지 않고 우리들의 삶 자체가 기도가 되게 하시며 하나님이 나에게 부탁하신 일을 찾아내 이뤄냄으로써 우리 교회 성도들을 통해 우리 하나님의 이름이 거룩히 여김을 받으시옵소서.

너무 젊은 날의 성공은 인생의 저주가 될 수 있음도 알게 하시고 허황된 꿈을 꾸지 않고 부활의 푯대를 향하여 힘차게 나아가게 하시옵소서. 바라옵기는 우리 교회 성도들이 하나님에게 발견 되어지는 한 해가 되기를 원합니다. 군중 속에서 만나는 것이 아니라 오직 한 사람, 한 사람으로 발견되어서 각자에게 맡겨진 사명을 알게 하시고 사명 감당자들이 되게 하여 주시옵소서.

주님, 지난 주간 대한민국 대통령 선거가 있었지만 남북으로, 동서로, 종파별로 갈라지고 같은 종교끼리도 나누어지는 큰 아픔과 상처를 남겼습니다. 이제 바라옵기는 국민 대통합을 통해 위대한 대한민국, 동방의 등불로 빛나게 하시며 그 해답을 하나님의 말씀에서 찾게 하여 주시옵소서.

거룩하신 주님, 아침부터 일한 자나 오후에야 일한 자에게도 똑같은 품삯을 주었던 포도밭 주인의 뜻은 무엇인가요? 거두기 위함이 아니라 나누기 위함은 아닌지요? 저희들의 삶에 나눔이 있게 하시며 지금 이 시간에도 우리의 등 뒤에서 우리를 지켜주시는 예수님의 이름으로 기도합니다. 아멘.

콧노래

존귀하신 주님, 오늘 거룩하고 구별된 자리에 불러주시니 감사드립니다. 최고의 존귀와 찬송을 올려드립니다. 이 자리에 모인 주님의 백성들이 누군가의 청함을 받고 나온 것이 아니라 주님의 택함을 받은 자녀들이기를 간절히 소망합니다. 반백 년, 아니 평생 주님을 섬겼다면서 아직도 교회 주변을 서성거리고 있다면 얼마나 슬픈 일인가요? 오늘 이 자리에서 확실히 택함을 받는 역사적 순간이 되기를 간절히 기도합니다.

사랑하는 주님, 이 시간 수많은 교회에서 올려드리는 거창한 기도와는 달리 오늘은 주님께 속엣말을 하려고 합니다. 주님, 너무 크고 거창한 것 말고 오직 저희들의 입술에서 찬양이 그치지 않게 하여 주시옵소서. 그리고 천국의 말이라는 '미안해요, 괜찮아요, 좋아요, 고마워요, 훌륭해요, 잘했어요. 사랑해요' 라는 말로 위로하고 격려하는 자들이 되게 하여 주시옵소서.

거룩하신 주님, 가시가 달린 나무는 재목으로 쓰이지 못한다는 것을 이 나이가 되어서야 알았습니다. 가시 없는 나무라야 쭉쭉 뻗어서 큰 집도 짓고 좋은 곳에 쓰인다지요. 저희들의 입술에서 가시 돋친 언어들이 튀어나와 이웃에게 상처를 주지 않도록 자기성찰이 있게 하여 주시옵소서.

나 하나 꽃 피어 /풀밭이 달라지겠느냐고/ 말하지 말아라/ 네가 꽃 피고 나도 꽃 피면/ 결국 풀밭이 온통/ 꽃밭이 되는 것 아니겠느냐/ 라고 노래했던 조동화의 시처럼 주님, 오늘 이 시간 나 하나가 달라짐으로 가정이 변하고, 교회가 변하며 세상이 변하는 기적을 보게 하여 주시옵소서.

나 하나 먼저 빗자루를 들고 네가 호미를 든다면, 우리 교회 저 넓은 뜨락이 꽃천지가 되고, 내가 전도하고 네가 전도하여 크나큰 교회의 빈자리를 채우는 일이 장로가 되고, 안수집사가 되고, 권사가 되는 일보다 주님이 더 기뻐하신다는 것을 깨닫게 하옵소서.

존귀하신 주님, 세상살이가 어려워서 콧노래를 잊고 산 지 오래되었습니다. 세상살이가 힘들더라도 교회 여기저기서 콧노래가 그치지 않게 하시며 특별한 계획으로 세우신 우리 교회 곳곳에서 콧노래가 불려지고 천국의 언어들이 오가는, 세상에서 가장 행복한 교회로 세워가게 하시옵소서.

행복해서 웃는 것이 아니고 웃으니 행복해지더라는 말처럼 기뻐서 콧노래를 부르는 것이 아니라 콧노래를 부름으로 우리 모두 기쁘고 행복해지기를 간절히 소망합니다.

오늘도 우리를 택하기 위해 두 팔 벌리고 기다리시는 우리 주 예수 그리스도 이름으로 기도하옵나이다. 아멘.

사랑의 콩깍지

거룩하신 주님. 1950년 화염에 휘말렸던 DMZ를 한미 대통령과 김정은 위원장이 나란히 걸었습니다. 이날의 악수가 비핵화와 평화통일을 넘어 제2 예루살렘, 평양 땅에 복음의 새 역사를 쓰는 날이 속히 오게 하시옵소서.

오늘은 7월의 첫 주일, 이미 한해의 절반을 보냈지만 아직도 한해의 절반이 남아 찬양과 기도를 할 수 있으니 감사합니다. 저희가 행복해지시기를 원하시는 하나님 아버지, 저희가 무엇을 잘해서가 아니라 그냥 자녀라는 이름으로 사랑해주시는데, 저희들은 생전 주님을 따르던 제자들처럼 아직도 뜻 가운데 있지 못하고 철부지로 살아가고 있으니 용서하여 주시옵소서. 조금 전 회개의 기도를 통해 용서를 구하고 용서의 말씀도 받았지만 그래도 내 가슴에 꺼림직한 것이 남아 있음은 무슨 까닭인가요?

주님 행복하기 위해서는 행복한 사람과 함께 행복한 공간에 있어야 하고 행복한 시간에 머물러야 한다고 하는데 주님, 지금 함께 예배드리는 이 형제들이 행복한 사람들이고, 이 거룩한 성전이 행복한 공간이고 예배드리는 이 시간이 행복한 시간인 것을 깨닫게 하여 주시옵소서. 그러나 내 곁에 있는 사람이 조금은 덜 행복하다면 내가 가진 행복을 조금은 나눌 줄 아는 사람이 되게 하여 주시옵소서. 사랑의 주님, 오늘은 특별히 눈에 콩깍지 하나 끼어서 사람의 허물을 보지 못하는 미련한 사람이기를 원합니다. 콩알을 다 쏟아버린 빈 콩깍지가 어찌 친구와 이웃의 허물, 성도들의 잘못을 말할 수 있겠습니까?

눈에 사랑의 콩깍지가 끼면 모든 것이 사랑으로 보이는 것처럼 내 마음에 믿음의 콩깍지가 끼어서 모든 것을 믿음으로 바라보게 하시옵소서. 목사님의 말씀이 길어지더라도 순식간이란 생각이 들게 하시고 내 심장에도 콩깍지 하나 끼어서 주님과 만났던 그 첫사랑의 설렘이 멈추지 않게 하시옵소서.

주님, 너무 앞만 보고 살다 보니 뒤돌아보지 못했습니다. 나만 열심히 사랑하다보니 사랑에서 멀어졌습니다. 우리만 열심히 사랑하다 보니 이웃들을 멀리하였습니다. 사랑에서 멀어진 건조한 영혼들이 습관처럼 교회에 나와 예배만 드리고 돌아가 버리면 이 허전함을 무엇으로 채울 수 있을까요.

오래도록 주님을 섬겼다면서, 모태신앙으로 평생토록 주님을 섬겼다면서 아직껏 누군가 한 사람 사랑의 떨림을 주지 못했다면 그것이 사랑인가요? 아낌없이 사랑하고 아낌없이 배려하고 아낌없이 희생하는 선한 싸움꾼이 되기를 원합니다.

오늘 예배를 준비한 모든 손길, 찬양으로 영광을 돌리는 찬양대를 축복하여 주시옵소서. 이 시간 우리 등 뒤에 계시는 주님의 인기척을 간절히 사모하오며 예수 그리스도 이름으로 기도하옵나이다. 아멘.

천국의 대들보

거룩하신 주님, 올해도 매화꽃을 보게 하시니 감사합니다. 오늘도 거룩한 성전에서 예배하게 하시니 감사합니다.

주님께서는 오래전 아브라함과 모세를 부르시고 사무엘과 바울을 부르셨는데 그 부름이 사실은 오늘을 사는 저희들의 이름을 간절히 부르시는 것인 줄 몰랐습니다. 용서하여 주시옵소서. 특별히 오늘은 주님이 안식일에 수많은 이적을 행하셨음을 다시 한번 상기하는 주일이 되기를 간절히 원하옵나이다.

거룩하신 주님,

이번 설날 뒷산에 올랐다가 곧고 굵게 자란 나무들은 모두 잘리어 세상의 기둥으로 쓰였고 구부러지고 연약한 나무들이 남아 숲을 이루고 있음을 보았습니다. 오늘 거룩한 주일 세상일에 바쁜 사람들은 모두 세상으로 나가고 부족한 자들이 주님의 숲을 이루고자 성전에 모였습니다. 비록 모양새는 보잘 것이 없으나 순종하는 마음으로 나왔사오니 먼 훗날 천국의 대들보로 사용하여 주시옵소서.

사랑하는 주님,

사람이 늙어가는 것은 기쁜 일은 아니나 돈과 명예와 타락의 근원에서 벗어날 수 있는 기회이오니 어떤 말을 해도 화가 되지 않고 어떤 행동을 해도 부끄럽지 않는 성숙함을 주시옵소서. 입에서 나오는 모든 말이 기도가 되게 하시고 기도에 곡을 더해 찬양이 되게 하시며 저희들의 손발은 주님을 찬양하는 춤이 되게 하시옵소서.

오늘 말씀을 전하시는 목사님께 성령을 덧입혀주시고 말씀을 듣는 저희들은 감동과 감화의 시간이 되게 하여 주시옵소서.

거룩하신 주님 베트남에서 열리는 제2차 북미정상회담을 통해 완전한 비핵화와 종전선언이 이뤄져 평화의 나팔소리 울려 퍼지게 하시며 1907년 평양에서 있었던 대부흥운동의 역사가 이 땅에서 다시 한번 이루어지기를 간절히 소망합니다.

거룩한 주일 아침, 세계 도처에서 하나님을 증거 하는 선교사들을 기억해주시옵소서. 모든 것을 주님께 맡기고 오직 천국의 소망으로 찬양하는 찬양대를 축복하여 주시며 아직 이 땅에서 이루지 못한 소원이 있다면 꼭 들어주시옵소서.

우리 등 뒤에서 우리를 도우시는 예수님 이름으로 기도하옵나이다. 아멘.

오히려

거룩하신 주님,

폭염과 폭우 속에서도 지켜주시고 오늘 이 거룩한 예배의 자리로 인도하여 주시니 감사합니다. 오늘 예배 순서 순서마다 주님 홀로 영광 받으시옵소서. 원수를 사랑하라는 주님, 그러나 사랑할 수 없는 원수 때문에 어젯밤 내내 잠을 이루지 못하고 몇 번이나 두 주먹을 불끈 쥐었습니다. 용서하여 주시옵소서.

주님. 오늘은 특별히 한없이 선량하고 나약한 우리의 조국을 위해 기도합니다. 임진왜란과 정유재란 등 931차례의 크고 작은 외침 속에서도 이 나라를 남겨두신 주님, 거기에는 필경 주님의 뜻이 있지 않습니까?

세계의 모든 나라들이 나랏님을 황제라고 부를 때 우리는 황제라 부르지 못했고 아름다운 한글이 있음에도 우리의 말과 글을 쓰지 못하고 식민지 나라의 온갖 설움을 겪어야 했습니다. 그럼에도 일본은 우리를 제2의 경제식민지로 만들려고 하고 있으니, 주여 이 민족을 불쌍하게 여겨주시고 우리를 5천년 동안 남겨두신 하나님의 공의를 펴시옵소서.

지금 이 땅에 살고 있는 아비들은 일제 침략과 6.25를 거치며 온갖 설움과 배고픔을 참고 견디며 위대한 나라를 만들었는데 그런 아비들이 남루하다고 하여 부끄러이 여기고 그들이 가난하고 늙었다 하여 업신여기지 않았는지 묻습니다.

오늘의 대한민국은 우리의 아버지와 형제, 누이들이 독일의 광부로, 간호사로, 월남전의 전사로, 사우디아라비아의 건설역군으로 사막에서 피땀을 흘려가며 이룩했는데 우리는 수고하지 않고 얻은 결실이라 하여 흥청망청한 적은 없었는지 이 시간 통회의 마음으로 되묻습니다.

'청포도'를 노래한 이육사 시인은 일제강점기의 혹한 속에서 오히려 꽃을 빨갛게 피우지 않았느냐고 되물었고, 이순신 장군은 모든 사람들이 싸움을 포기했을 때 오히려 해볼 만하다며 12척의 배를 이끌고 승리하지 않았습니까?

주님, 오늘 선포하시는 목사님의 말씀을 통해 우리 모두가 오히려의 정신으로 새롭게 되기를 간절히 원합니다. 창씨개명과 신사참배를 거부하며 대한민국 백성임을, 하나님의 자녀임을 지켰던 믿음의 선진들처럼 우리도 한번 쯤은 내 나라, 내 조국을 위해 눈물로 기도하는 자들이 되기를 원합니다.

오늘 이 예배를 준비한 손길들, 특별히 일제강점기와 6.25 등 험한 세월을 살아온 찬양대의 헌신을 기억하시고 이 세상에서 이루지 못한 소원 다 들어주시옵소서.

내 등 뒤에 서계신 주님, 오늘은 주님의 인기척을 들려주시옵기를 간절히 원하오며 우리 주 예수 그리스도의 이름으로 기도하옵나이다. 아멘.

이만 닦는 것이 아니라

거룩하신 주님
오늘 하루도 자리에서 일어나게 하시니 감사합니다. 지난밤의 악몽도 모두 잊게 하시고 새로운 소망으로 하루를 시작하게 하소서.

아침에 일어나 맨 처음 이를 닦습니다. 이만 닦는 것이 아니라 내 입에서 나오는 모든 언어들을 깨끗하게 하시며 세수를 할 때도 얼굴만 씻는 것이 아니라 끝없는 교만과 도도함도 함께 씻게 하여 주시옵소서. 머리를 빗을 때에도 머리카락만 가지런히 하는 것이 아니라 마음을 단정하게 하시며 죄악 된 생각도 벗게 하여 주시옵소서.

특별히 오늘은 위선의 수건을 벗고 오직 주님의 말씀을 마음 판에 새기며 한 걸음 한 걸음 내딛게 하여 주시옵소서. 어떤 일을 할 때도 내 능력이 아닌 주님의 도우심이 있었음을 알게 하시며 하나님께서 주시는 능력도 필요할 때만 공급해 주시고 나머지는 사랑의 마음을 주시옵소서.

거룩하신 주님, 오늘 하루 세상을 살면서 아버지의 이름에 덕이 되지는 못할 지언정 아버지의 이름에 욕되지 않게 하시고 순간의 분냄을 참지 못해 하나님을 원망하는 일이 없도록 차분한 마음도 주시옵소서.

순종이 제사보다 낫다고 하신 하나님, 잡아야 할 때 순종으로 잡게 하시고 놓아야 할 때 믿음으로 놓을 줄 아는 지혜를 허락하여 주시옵소서. 잡아야 할 때 포기하지 않게 하시고 놓아야 할 때 놓지 못하는 집착도 버리게 하여 주시옵소서.

빛 되신 하나님 아버지.

하루하루를 살아가면서 육신의 부모님께 감사하게 하시며 가족들에게 감사하는 마음을 주시며 가능하면 말로 표현함으로써 감사하는 자나, 감사를 받는 자가 함께 공감하게 하시옵소서, 육신의 형제 가운데는 아직도 하나님을 모르는 자들이 있사오니 불쌍히 여겨 주님의 자녀 삼아 주시고 기도하는 제가 더욱 본이 됨으로써 스스로 깨우치는 은사도 주시옵소서.

상한 갈대를 꺾지 아니 하시며 꺼져가는 심지를 끄지 않으시는 주님, 이 시간 드리는 기도가 주님 보시기에 부족할지라도 삐긋이 웃으시며 고개를 끄덕여 주시옵소서.

우리의 기도에 섬세하게 응답하시는 우리 주 그리스도의 이름으로 기도하옵나이다. 아멘.

비 오는 날에도 태양은

능력의 하나님

오늘을 허락하시니 감사합니다, 오늘 하루도 우리와 동행하시는 하나님께 기대어 하루를 시작합니다. 나의 힘으로 일하게 마시고 주님의 힘으로 일하게 하시옵소서.

오늘 만나는 사람들에게 나의 말과 행동이 상처가 되지 않게 하시며 내가 하는 말과 행동이 주님을 증거 하는 도구가 되게 하여 주시옵소서. 인간적인 욕심을 붙잡고 끙끙거리지 않게 하시며 주님이 가신 그 길을 꿋꿋하게 걸어가게 하시옵소서.

거룩하신 주님 우리가 어제와 똑같은 하루를 맞았지만 아무런 기대 없이 살게 하지 마시고 새로운 소망을 주시옵소서. 작은 일에 분노하거나 일희일비하지 않게 하시며 잠자리에 들 때 '잘하였도다' 칭찬받는 하루가 되게 하여 주시옵소서.

특별히 오늘은 감사가 넘치는 하루가 되기를 소망합니다. 귀한 오늘을 살게 하시니 감사하옵고 태양을 보게 하심도 감사하옵고, 어떤 곳에 소속되어 있음도 감사하옵고 살아오는 동안 크고 작은 질병을 이기고 치유하게 하심도 감사합니다.

생각해보면 아침에 침상에서 일어나 세상으로 나오는 것부터가 얼마나 감사한 일이며, 병상에 누워 있는 사람들에게는 저 태양 빛을 받는 일이 얼마나 감사한 일인지를 생각하면 이 세상에 감사하지 않는 일이 어디 있겠습니까?

처음과 끝이 되시는 하나님

오늘 하루를 살아가면서 내게 남은 힘이 있다면 힘들고 어려운 자를 위로하고 돕는 자가 되게 하시며 강퍅한 마음을 녹이시고 살처럼 부드러운 마음을 주시옵소서.

비가 오는 날에도 태양이 떠 있음을 믿듯이 우리 눈에 주님이 보이지 않지만 항상 우리의 등 뒤에 계셔서 위로하시고 싸매시고 계심을 믿기에 그 은혜에 감동되어 눈물을 흘립니다.

바라옵기는 내 눈물까지도 하나님을 위해 사용하여 주시옵소서. 선부가 거친 항해 길에 등대를 푯대 삼아 나아가는 것처럼 이 거친 세상 우리 주님 등대 삼아 전진하오니 불빛을 끄지 마옵소서.

거룩하신 주님,

하루를 시작하는 이 아침, 주님의 음성을 들으며 시작하고 싶습니다. 나직이 오셔서 주님의 음성을 들려주시옵소서. 여기까지 인도하신 에벤에셀의 하나님, 우리 주 예수 그리스도의 이름으로 기도하옵나이다. 아멘.

영적 수혈

존귀하신 주님, 환란 가운데서도 지켜주시고 남기시어 거룩한 주일날 아버지의 집에 나와 예배하기 하시니 감사와 찬양을 올려드립니다.

주님, 봄이 왔지만 봄 같지가 않습니다. 행정명령에 따라 예배를 멈춰야 하는 이 슬픈 현실은 분명 봄이 아닙니다. 코로나19로 인해 어쩔 수 없이 영상예배라는 것을 드렸지만 뭔가 허전하고 미지근하며 뜨거운 성령의 불길이 사그라져 잔불만 남아 있으니 주여 새 힘을 주시옵소서.

아무도 보지 않는다고 하여 옷차림도 바르지 못했고 예배하는 자세도 편함만을 구했으며 진정한 예배자가 아니라 시청자였음을 고백합니다. 영상예배라는 이름으로 마치 텔레비전을 보듯 영혼이 없는 예배를 드리기도 했습니다. 주님 용서하여 주시옵소서.

세계 많은 나라에서 백신 접종이 시작돼 행복한 일상으로 되돌아갈 수 있으리란 꿈을 꾸어 봅니다. 주님의 자녀들이 다시는 바이러스의 공포에 떨지 않도록 지켜 주시며 백신주사가 바이러스를 이기는 것만이 아니라 성령의 수액이 되어 인류를 변화시키는 놀라운 기적을 허락하여 주시옵소서.

코로나바이러스가 인류에게 보낸 호소이었음을 깨닫고 이제 진정으로 이웃을 사랑하고 지구와 자연을 보살피며 분쟁을 멈추고 창조주의 참뜻을 헤아리는 기회로 삼게 되기를 간절히 원합니다.

3월의 첫 주일, 사순절 세 번째 주간을 맞아 주님이 걸으셨던 십자가의 길, 고난과 부활을 깊이 묵상하며 이 시간, 경건한 삶을 살아갈 것을 주님 앞에 다짐합니다.

　거룩하신 주님, 주님이 흙이라면 그 속에서 움트는 싹이 되고 주님이 바람이라면 그 속에서 뒹구는 낙엽이 되고 주님이 말씀이라면 그 말씀을 호흡하며 살아가는 한 해가 되기를 간절히 소망합니다.

　특별히 올해는 환경을 따라가는 삶이 아니라 말씀을 따라가는 삶이 되게 하시 옵소서. 사울이 아닌 바울이 되게 하시고, 걸림돌이 아닌 디딤돌이 되게 하시며 이 세상 어디엔가 꼭 필요한 사람이 되게 하옵소서. 우리가 하나님을 택한 것이 아니요, 주님이 택한 백성들이기에 주님이 주시는 풍성한 은혜를 받을 수 있는 큰 그릇이 되게 하여 주시옵소서.

　거룩하신 주님, 주님의 자녀들이 바라만 보아도 위로가 되게 하시며 앞에 서 있기만 해도 품 넓은 나무처럼 쉼이 되는 사람들이 되기를 원합니다. 나사로를 일으키신 하나님의 역사가 오늘 우리들의 삶의 자리에서도 일어나기를 간절히 원합니다. 어떤 환란 가운데서도 우리를 포기하지 않으시는 우리 주 예수 그리스도의 이름으로 기도하옵나이다. 아멘.

하나님과 같은 방향

내가 사랑하는 주님, 저희를 사랑하시는 주님, 감사합니다.

오늘 어린 시절에 외갓집 대문을 열던 설레임으로 성전문을 열었습니다. 우리 어머님이 친정으로 향하시던 발걸음으로 이 자리에 왔습니다.

오는 길에 해찰도 했습니다. 세상도 기웃거렸습니다. 용서하여 주시옵소서.

오늘 하루 하나님의 품속에 온전히 안기고 싶습니다. 세상에서 상처와 아픔을 갖고 이 자리에 왔습니다. 머리에서 발 끝까지 어루만져 주시옵소서.

사랑의 주님, 오늘 이 시간 하나님의 깨끗한 피를 수혈받기 원합니다, 영적수혈의 시간이 되기를 원합니다. 하나님과 같은 혈액형으로 살아가기 원합니다. 이 무더운 여름철 영적으로 샤워하는 시간이 되게 하여주시옵소서.

우리 목사님이 전하시는 말씀 마디마디가 링거의 혈액처럼 방울방울 몸속에 들어와 생명을 살리는 말씀이 되게 하시며 축복의 폭포수가 되게 하여주옵소서. 목사님이 선포하시는 말씀 가운데 티끌이라도 끼지 않도록 성령님께서 몸과 마음을 지켜주시고 입술을 주장하여 주시옵소서.

사랑의 주님, 우리 교회가 기도하는 교회가 되게 하시옵소서. 어린아이처럼 무엇이나 달라고 기도하는 단계를 지나 하나님의 뜻을 구하는 기도,

감사하는 기도, 찬양하는 기도가 있게 하시며 삶 자체가 기도가 되게 하여 주옵소서.

인류를 위하여, 대한민국을 위해 드리는 기도는 감당할 수 없어 오늘 이 자리에 있는 예배자를 위해 기도하오니 그들의 첫 번째 기도에 응답하여주시옵소서, 입술로만 드리는 기도, 빈손으로 드리는 기도가 아니라 온몸 바쳐드리는 기도에 일일이 응답해주시고 그래도 못미친 부분은 하나님 책임져 주시옵소서.

말씀을 사모하여 기도마저 줄이오니 미처 아뢰지 못한 것 주님, 헤아려 주시옵소서. 세상에 나가 살면서, 신앙생활을 하면서 절대로 중앙선을 침범하지 않도록 늘 깨워주시고 항상 하나님과 같은 방향으로 걸어가게 붙들어 주시옵소서. 내가 사랑하고 우리를 사랑하시는 예수님 이름으로 기도하옵나이다. 아멘.

뜸 들이기를 그만하게 하시며

거룩하신 주님, 오늘 드리는 찬양이 우리들의 기도이옵니다. 받아주시옵소서. 저희가 숨을 들이킬 때 하늘의 축복이 우리들의 몸속으로 들어오게 하시며 숨을 내쉴 때 우리 안의 기쁨과 평화가 이웃에 뿌려지게 하시옵소서.

입술을 통하여 나오는 모든 언어들이 기도가 되게 하시며 기도에 곡을 더하시어 찬양이 되게 하시고 우리들의 손발은 하나님을 기쁘시게 하는 열정의 춤이 되기를 원합니다. 일상의 콧노래도 찬양으로 흥얼거리게 하시옵소서.

특별히 섣달그믐에 드리는 오늘의 찬송은 어두운 것들, 음습한 것들, 좋지 않은 것들을 모두 물리치는 용사의 군가가 되게 하시고 오직 하나님의 성령이 이 사람에게서, 저 사람에게로 전달되는 임파테이션이 이뤄지게 하시옵소서.

찬양대의 지휘자와 반주자, 그리고 모든 대원들이 하나님의 동역자로 하나 되게 하시며 마음과 마음들이 하나 되어 드리는 합창이 하모니를 이뤄 오직 주님께만 영광이 되게 하옵소서.

사랑의 주님, 아직도 우리 가운데 뜸들이기 하는 자가 있다면 지금 멈추게 하시고 기도하면서 중언부언하지 않도록 늘 깨어주시옵소서. 찬양받으시기를 원하시는 우리 주 예수 그리스도의 이름으로 기도드립니다. 아멘.

발자국 소리

　주님, 지금 내리는 가을비 소리가 혹시 주님의 발자국 소리인가요. 어젯밤 스산한 바람이 불어 몇 차례 밤하늘을 바라보았습니다. 이 밤에도 세상의 무리들에게 속하지 않게 하시고 주님을 찬양하는 자리에 있게 하시니 감사합니다.
　이 자리가 은혜의 강가이기를 원합니다. 물가에 서 있는 나무가 철을 따라 열매를 맺고 잎사귀가 마르지 아니함 같이 휘몰아치는 파도 위에서도 찬양하는 담대한 믿음을 주시옵소서.
　주님, 좋은 나무로 태어났더라도 사막에 심어지면 무슨 소용이 있습니까? 우리는 비록 미천한 자들이오나 하나님의 물가에 뿌리를 내리고 철 따라 열매를 맺으며 살아가기를 간절히 원합니다.
　바라옵기는 저희들의 기도가 중언부언하거나 넋두리가 되지 않게 하시고 제가 할 일과 하나님께 아뢰는 일은 구분할 줄 아는 지혜를 주시옵소서. 군더더기 없는 믿음을 주시옵소서.
　특별히 지휘자와 반주자의 수고를 잊지 말아 주시옵고 이 밤 가을비를 맞으며 주님을 찬양하기 위해 달려온 착한 백성들을 축복하여 주시옵소서. 우리 주 예수 그리스도 이름으로 기도하옵나이다. 아멘.

유일하신 기도의 청취자

　우리 기도의 유일한 청취자이신 하나님 아버지, 오늘 이 기도가 오로지 주님께만 드려지는 고백이기를 원합니다. 주님, 지난 삶을 돌아보니 오직 하나님과 함께하는 24K 순금의 삶이 되지 못하고 이 세상의 불순한 것들과 섞이어 더러는 14K로, 더러는 18K로 살아왔습니다. 부끄럽게도 성도라는 거룩한 이름표를 달았으면서도 적당히 세상적이고 적당히 교회적인 모습도 있었습니다. 용서하여 주시옵소서.

　이 시간 이후에는 오로지 하나님 한 분과 동행하는 24k, 순금의 삶이 되기를 원합니다. 사랑한다고 말하는 대신, 사랑이 느껴지는 사람, 손잡아 주기를 기다리는 대신 먼저 손을 내미는 거룩한 바보가 되기를 원합니다. 주님, 우리를 주님의 날개 그늘 아래 보호하여 주시고 언제나 하나님의 방향으로 바로 서게 하여 주시옵소서

　하나님 아버지, 오늘 아침 저희들은 참으로 참담합니다. 우리 교회 개척과 함께 장로로 취임하시어 온갖 굳은 일, 마다하지 않고 불철주야 헌신하셨던 장로님을 허망하게 떠나보내고 우리 모두 통곡하고 있습니다. 무엇보다 슬픔에 처한 유가족들을 위로하여주시고 평생동지를 잃은 담임목사님과 슬픔에 겨운 성도들을 어루만져주시옵소서.

　주님, 이 자리에 임재하여 주시옵소서. 특별히 신앙 생활하는 가운데 원치 않는 질병으로 고통받는 형제들, 이 기도를 통해 치유 받고 오래도록

함께 예배의 자리에 있기를 원합니다.

　주님, 대통령 탄핵에 대한 헌법재판소의 엄중한 판결을 보면서 하나님 나라의 심판을 생각했습니다. 하나님 앞에 섰을 때 두렵고 떨리는 일이 없도록 준비하는 자가 되게 하옵소서. 길을 가다가 넘어지는 것은 우리들의 잘못이 아닐 수 있지만 일어서지 않은 것은 전적으로 내 잘못임을 깨닫게 하시고 주님의 발자국을 따라가는 길에 넘어질 때마다 일어서는 힘을 주시옵소서. 특별히 올해 종교개혁 500주년을 맞아 실시하는 내가 먼저 한 사람 전도하는 일에 적극 동참하게 하옵소서.

　주님, 이 봄에도 추울수록 향기가 짙다는 매화송이들이 활짝 피었습니다. 그 가운데서도 오래된 매화나무가 최고의 향기를 발하듯 오랫동안 예수님을 믿어온 사람들과 이 땅의 장로들이 순금의 삶을 통해 최고의 향기를 내뿜게 하여 주시옵소서.

　지금까지가 아니라 지금부터가 더 소중함을 알게 하옵소서. 특별히 해가 진 뒤의 아름다운 노을처럼 세상일을 모두 마치고 오직 하나님만 찬양하는 우리 교회 찬양대의 순결한 기도에 귀기울여 주시고 이 땅에서 아직 이루지 못한 소원이 있다면 주님 다 들어주시옵소서.

　우리 기도의 유일한 청취자이신 예수님 이름으로 기도하옵나이다.

　아멘.

사회적 거리두기

주님, 사회적 거리두기가 싫습니다. 정다운 사람과 뜨겁게 악수하고 사랑하는 자녀들의 볼에 얼굴을 맞대며 부모님의 주름살을 내 손으로 만져드리는 날이 속히 오기를 간절히 소원합니다. 찬양대가 없으니 한쪽이 텅 비고 허전합니다. 이 거추장스런 마스크를 벗어던지고 마음껏 주님을 찬양하는 날이 하루 속히 오기를 원합니다.

"주의 궁정에서 한 날이 다른 곳에서 천 날 보다 나은 즉 악인의 장막에 거함보다 내 하나님 성전의 문지기로 있는 것이 좋다"는 시편의 고백처럼 많이 많이 사모했던 거룩한 성전에서 다시 예배할 수 있도록 축복해 주시니 감사합니다.

코로나19로 인해 지구촌 곳곳에서 수많은 사람들이 목숨을 잃고 경제적 위기까지 겹쳐 너무 안타깝기도 하지만 이 기회를 통해 신천지라는 이단의 실체가 만천하에 드러나게 하시니 감사합니다. 또 가정예배의 소중함을 알게 하셨으며 주일마다 교회에 나와 예배드렸던 평범한 일상들이 축복이었음을 깨닫게 하심도 감사드립니다.

무신론자였던 이탈리아의 38세의 젊은 의사가 죽음의 현장에서 만난 하나님, 시시때때로 기도하고 환우들을 보살피며 하나님을 증거하는 이 엄청난 역사를 만드신 분도 하나님이심을 믿습니다. 주님, 세상의 고아들은 밤이 되면 돌아갈 집이 없어 불안하지만 우리는 이 세상에도, 저세상에도 집이 있으니 무엇을 걱정하리까?

"네 허물을 빽빽한 구름같이, 네 죄를 안개같이 없이 하였으니 너는 내게로 돌아오라 내가 너를 구속하였음이니라."고 하신 주님, 이 시간 우리 모두 주님께 돌아가기를 간절히 원합니다. 세상은 우리에게 사회적 거리를 요구하고 있지만 주님과의 거리 두기는 지금 이 시간 끝내고자 하오니 저희를 품어주시옵소서.

거룩하신 주님, 우리가 교회에 나오지 못하는 동안 교회 앞마당의 아름다운 벚꽃과 노란 배추꽃도 피었다가 지고 여름이 성큼성큼 걸어오고 있습니다. 지나간 봄날 세상은 너무너무 불안하고 시끄러웠지만 하나님이 지으신 삼라만상은 때를 따라 잎을 내고 꽃을 피웠습니다. 작은 채송화가 키 큰 해바라기를 부러워하거나 시기하지도 않았고 큰 해바라기가 작은 채송화를 가벼이 여기지도 아니하고 서로가 조화를 이뤄 아름다운 꽃밭을 이뤄냈음을 보았습니다.

거룩하신 주님, 주어진 달란트대로 최선을 다하게 하시며 내가 잘하는 일을 찾아 이 사회를 위해 뭔가 공헌하게 하여 주시옵소서. 의사는 의사의 일이, 간호사는 간호사의 일이 따로 있어 협력하여 선을 이루는 것처럼 저희들도 각자의 재능에 따라 협력하여 선을 이루게 하여 주시옵소서.

바라옵기는 오랫동안의 영상예배로 인하여 조금은 나태해지고 게을러지기도 했음을 고백하오니 주님을 향한 신발 끈을 다시 고쳐 매고 성전으로, 성전으로 모이기를 힘쓰는 자들이 되게 하여 주시옵소서. 환란 가운데서도 주님의 날개 그늘 아래 감춰 주시고 우리가 슬퍼울 때 기댈 수 있는 어깨가 되어주시며 우리의 비상구가 되어주신 예수 그리스도의 이름으로 기도하옵나이다. 아멘.

예배자 아닌 시청자

거룩하신 주님,
　2020년 한해는 코로나19로 인하여 전 세계적으로 모든 일상이 헝클어져 버린 그야말로 아비규환의 한 해였습니다. 그 가운데서도 저희들이 가장 가슴 아팠던 것은 예배당에서 하나님을 예배하지 못하고 각자의 처소에서 예배를 드리게 된 점입니다. 세상은 교회 발 코로나19로 인하여 교회가 지탄의 대상의 되었고 대다수의 하나님 자녀들은 덤으로 비난을 받는 아픔을 겪어야 했습니다. 그러나 하나님의 자녀이기에 받는 비난이라서 감내할 수 있었습니다.
　주님, 우리 교회는 믿는 자들은 물론 이려니와 믿지 아니하는 자들이라 하여도 그들의 안위를 염려해 온라인 예배를 드렸습니다. 그러나 부끄럽게도 예배자가 아닌 시청자가 아니었나 생각하며 용서를 구합니다.
　아무도 보지 않는 집안이라 하여 옷차림도 바르지 못했고 예배하는 자세도 편함만을 구했음을 고백합니다. 예배시간도 정해진 시간이 아니라 내가 편한 시간을 택했고 마치 텔레비전을 보듯 그렇게 영혼 없이 예배를 드렸음을 회개합니다. 주님, 용서하여 주시옵소서.
　주님, 이 시간 코로나19가 우리에게 닥친 것은 하나님이 우리를 벌주시려는 것이 아니라 우리를 사랑하사 우리를 깨우치기 위해 주신 기회임을 믿습니다.

주님, 돌아보면 저희들은 지구가 비명을 질러도 돌아보지 않았습니다. 대홍수, 산불, 토네이도와 같은 재해를 통해 수차례 경고를 했음에도 우리는 병든 지구에 무관심했고, 오염을 멈추지 않았으며 물질에만 매달렸음을 고백합니다. 오늘의 이 엄중한 상황은 코로나바이러스가 인류에게 보낸 호소이었음을 깨닫게 하시옵소서. 이제 진정으로 이웃을 사랑하고 지구와 자연을 보살피며 분쟁을 멈추고 창조주의 참뜻을 헤아리는 기회로 삼게 되기를 간절히 원합니다.

거룩하신 주님, 우리는 이번 코로나를 통해서 사람은 평등하며 혼자가 아니라 서로 연결되어 있으며 가족이 얼마나 소중한지, 물질이라는 것이 얼마나 허망한 것인지를 깨닫는 시간들이었습니다. 이제 병들어 있는 지구를 위해, 미래세대를 위해 우리가 해야 할 진짜로 중요한 일이 무엇인지를 깨닫게 하여 주시옵소서.

또한 이 무서운 환란이 재앙이 아니라 교정을 위한 경고임을 깨닫고 우리 모두 스스로 성찰하게 하는 기회가 되게 하옵소서. 어떤 환란 가운데서도 우리를 포기하지 않으시는 우리 주 예수 그리스도의 이름으로 기도하옵나이다. 아멘.

매직 아우어

존귀하신 하나님 아버지, 2016년 새해를 맞게 하시고 거룩한 성전에서 예배하게 하시니 감사합니다. 올해는 허망한 곳을 찾지 않게 하시고 어떤 고난 가운데서도 희망의 기도문을 쓰는 사람들이 되게 하여 주시옵소서.

존귀하신 주님, 하루해가 진 뒤에도 아름다운 노을을 남겨두시고 신비로운 시간을 갖게 하시니 무한 감사합니다. 그 시간이 낮처럼 길지는 않을 것이나 남은 삶을 아름답게 마무리하는 시간이 되게 하시옵소서.

오늘 예배자 가운데는 평생을 주님을 위해 몸 바친 은퇴 목사님과 사모님, 그리고 백양회 선교회로 봉사하시는 어르신들이 많습니다. 끝까지 하나님의 나라를 영광으로 물들게 하시니 감사드립니다. 비가오거나 눈이 오는 날은 노을이 없듯이 이 시간은 젊은 시절 헌신이 있었기에 하나님이 주신 특별 보너스 인 줄로 압니다. 지금 이 자리에 있는 젊은이나 청년들도 아름다운 시간을 갖기 위해서 젊었을 때 열정의 삶을 살게 하여주시옵소서.

올해는 특별히 아무 때나 나서거나 횡설수설하지 않게 하시며 유머가 넘치고 칭찬을 잘하는 사람이 되게 하옵소서. 떠나야 할 곳에서는 빨리 떠나게 하시고 머물러야 할 자리에는 아름답게 머물게 하시며 부족함을 드러낼 줄 아는 용기를 주시옵소서. 용서와 화해를 미루지 않게 하시옵소서.

오늘 강단에 서신 목사님 말씀이 저희들의 영혼을 적시는 생명수가 되게하여 주시옵소서. 평생을 주님만 생각하며 걸어오신 그 길에 영광이 있게 하시며 남은 목회의 시간들도 은혜로운 삶으로 채워주시옵소서.

사랑의 주님, 저희들의 기도가 '00때문에 하는 기도'가 아니라, '들어주신다면의 조건부 기도'가 아니라 '그리하지 아니 하실지라도'의 성숙한 기도가 되게 하시옵소서.

주님, 우리 교회가 창립 30주년을 보내고 새로운 30년을 향해 달려갑니다. 매월동산에 심은 복음의 씨앗이 열방의 꽃으로 피어나게 하시오며 모든 성도들이 하나님의 방향으로 바로 서고, 하나님의 방법으로 풀어가게 하시옵소서.

주님 바라옵기는 지금 사랑한다, 미안하다, 고마웠다고 말하는 용기도 주시옵소서, 주님 사랑합니다, 미안합니다, 고맙습니다.

오, 주님 오늘 밥상머리에 둘러앉은 자들만 가족이 아니라 성전에서 함께 예배드리는 성도들도 한 가족으로 받아들여지기를 원합니다. 또 지금 이 시간이 우리 생애 남은 시간 가운데 가장 젊은 때임을 알고 헌신을 결단케 하여주시옵소서.

우리 주 예수 그리스도 이름으로 기도하옵나이다. 아멘.

말의 온도

주님, 40도의 폭염 속에서도 남겨 주시고 거룩한 주일을 맞아 하나님의 존전에 나와 예배하게 하시니 감사합니다. 오늘 이 예배를 온전히 주님께 올려드립니다.

지금 이 시간 지구촌 곳곳이 아비규환의 상황에 처해 있습니다. 댐이 무너지고, 대형 산불이 나고, 사상 유례가 없는 폭염으로 수 많은 사람들이 목숨을 잃는 마치 생지옥과 같습니다. 이 모든 일들이 무지한 인간들의 욕심과 교만 때문임을 고백하오니 주님 용서하여 주시고 특별히 대한민국 삼천리 금수강산에 시원한 한줄기 소낙비를 주시어 이 땅의 생명들이 새 힘을 얻게 하여 주시옵소서.

아니 주님, 그보다 먼저 우리들의 영혼을 적시는 성령의 소낙비를 주시어 우리들의 추한 영혼들이 성령으로 씻음 받게 하시고 오늘의 이 예배가 성령으로 샤워하는 영적 세례식이 되게 하여 주시옵소서.

오늘 단위에 서신 목사님의 말씀이 성령의 폭포수가 되기를 원합니다. 말씀으로 생각이 변하고 행위가 변하고 기도가 변하기를 원합니다. '이것 주세요, 저것 주세요'라고 하나님을 조르는 '주세요의 기도'가 아니라 이것은 하고 저것은 하지 않겠다 다짐하는 '다짐과 결단의 기도자'들이 되기를 원합니다. 성경 말씀을 줄줄 외우는 말씀 장학생이 아니라 말씀대로 살아내는 순종의 장학생이 되기를 원합니다.

주님 오늘은 특별히 우리들의 말에 온도를 더하여 주시옵소서. 말은 입을 통해 전달 되지만 그 뿌리는 마음에 있으니 먼저 마음을 데워주시어 우리들의 입을 통해서 나오는 말들이 뜨거운 사랑의 언어가 되기를 소망합니다. 말 한마디가 천 냥 빚을 갚는다는 속담처럼 마음의 빚을 갚는 말들이 오가게 하옵소서.

주님, 우리들의 마음이 격해져 분노의 말이 나올 때는 차라리 입을 다물어 버리는 침묵의 지혜를 주시옵소서. 입술이 침묵하고 마음이 침묵하며 눈과 귀도 침묵하게 하시고 대신 말의 온도를 높이시어 따스한 말로 사람들을 일으켜 세우는 세움의 사명자들이 되게 하여 하옵소서

주님, 이 시간 특별히 내가 해야 할 의무를 회피하는 태도로부터, 나의 운명에 대해 불평하는 태도로부터, 편한 운명을 가진 사람들을 질투하는 태도로부터, 하나님이 되고자 하는 교만한 마음으로부터 우리를 해방시켜 주시옵소서.

이 시간 에어콘을 만들고 설치하는 분들, 화마의 불길 속에서 생명을 구하는 119 소방대원들을 위로해 주시고 특별히 거룩한 주일날 세계 도처에서 하나님의 말씀을 전하는 자들과 하나님을 찬양하는 이 땅의 모든 성가대를 크게 축복하여 주시옵소서.

우리의 등 뒤에서 우리를 도우시는 예수님 이름으로 기도하옵나이다. 아멘.

말씀이 어눌하더라도

존귀하신 하나님 아버지 이 거룩한 주일 하나님의 성전에 나와 예배하게 하시니 감사합니다. 오늘 예배가 우리 주님의 순결한 피를 공급받는 영적 수혈의 시간이 되기를 간절히 소망합니다, 신령과 진정으로 예배드리오니 우리 주님 홀로 영광 받으시옵소서.

30년전 개발도상국이었던 우리가 88하계 올림픽을 통해 세계 속의 한국으로 도약하게 하시고 30년 만에 평창동계올림픽을 통해 또 한 번 세계의 중심으로 우뚝 서게 하시니 감사합니다. 92개 참가국 선수단이 '하나 된 열정으로'라는 슬로건 아래 올림픽 정신을 구현하게 하시고 특별히 세계 유일의 분단국인 남과 북이 하나의 팀을 이뤄 화합의 다리를 건너게 하시니 너무 감사합니다. 주님 이번 평창 올림픽이 남북 화해의 중요한 모멘텀이 되게 하시고 저 동토의 북녘땅에 하나님의 공의가 다시 살아 숨 쉬게 하옵소서.

주님 이제 내일 모레면 민족의 대명절 설날입니다. 구정이 아니라 설날을 되찾게 하신 것 감사합니다. 특별히 올 설은 우리민족의 큰 자랑인 효를 다시 새기는 기회가 되기를 간절히 소망합니다.

부모가 늙어 음식을 흘리고 대소변을 가리지 못하더라도 어렸을 적 사랑으로 먹이고 입히셨음을 기억하며 불평하지 않게 하시옵소서. 몸이 늙어 말이 어눌하거나 앞뒤가 맞지 않고 기억력이 쇠퇴하여 했던 말을 반복하더라도, 부모님은 우리가 말을 배울 때 열 번이라도 들어주셨음을 기억하게 하여 주시옵소서. 다리가 쇠약하며 잘 걷지 못하더라도 우리가 뒤뚱거리며 걸음마를 배울 때 손잡아 주셨음을 기억하게 하시며, 부모의 삶이 보잘 것이 없었더라도 부모로서 좋은 것만을 보여주려 최선을 다했음을 깨닫게 하여 주시옵소서

사랑의 주님 효를 받아들이는 어른들의 마음도 주장하여 주시옵소서. 자기 생각을 고집하는 노인이 아니라 새로운 것을 배우려고 노력하는 어르신이 되기를 원합니다. 간섭하고 지배하려는 노인이 아니라 여유를 가지고 지켜봐 주시는 어르신이 되기를 원합니다. 대접받기를 좋아하는 노인이 아니라 베풀기를 좋아하는 어르신이 되기를 원합니다.

주님, 올 겨울은 유난히 추웠습니다. 그래도 차가운 얼음장 아래로 물이 흐르고 매화송이는 봄을 준비하고 있습니다. 매화 향기가 십리를 간다고 하나 그리스도인의 향기는 천리, 만리까지 가기를 원합니다. 주님 올해도 봄을 맞게 하시고 여름과 가을, 그리고 또 한 번의 겨울을 준비하게 하시옵소서.

거룩한 주일, 하나님을 찬양하는 이 땅의 모든 찬양대를 축복하시되 특별히 우리 교회 성가대를 기억하여 주시옵고, 이 시간 환우들을 위해 헌신하는 자들, 세계 도처에서 하나님의 말씀을 전하는 자들, 뜨거운 불길 속에서도 목숨을 아끼지 않고 수고하는 소방관들을 기억하여 주시옵소서.

이 모든 말씀을 우리 기도의 유일한 청취자이신 우리 주 예수 그리스도의 이름으로 기도하옵나이다. 아멘.

노인이 아니라 어르신

하나님 아버지, 너무 덥지요. 제 31회 하계 올림픽이 열리는 리우데자네이루 코르코바도의 구원의 예수상을 통해 영광을 받으시는 하나님 아버지, 오늘도 세상 가운데서 저희를 구분하시어 아름다운 성전에서 예배할 수 있도록 인도하여 주신 것 감사합니다.

조금만 깊이, 한 발짝만 물러서 생각해보면 세상사 모든 것이 하나님의 뜻 가운데서 이뤄지고 있음이 확실한데도 어리석고 부족한 저희들은 자신의 힘으로 해보겠다고 바둥거리며 살았나이다. 용서하여 주시옵소서. 두 손 들고 나왔사오니 불쌍히 여겨주시고 오늘 이 시간도 예수님의 순결한 피를 수혈받는 영적 수혈의 시간이 되기를 원합니다.

주님, 올 여름은 유난히 더웠습니다. 그러나 그 무덥던 여름도 하나님의 섭리 앞에 한풀 꺾일 것입니다. 가는 세월을 누가 막을 수 있겠습니까만 세월 따라 나이만 먹어가는 것이 아니라 살아온 세월만큼 넉넉한 지혜와 아량을 가진 사람이 되기를 원합니다.

자기 생각을 고집하거나 더 이상 배울 것이 없다고 생각하는 노인이 아니라 새로운 것을 배우려고 노력하는 어르신이 되기를 원합니다. 간섭하고 지배하려는 노인이 아니라 여유를 가지고 지켜봐 주고 덕담을 할 줄 아는 어르신이 되기를 원합니다. 대접받기를 좋아하는 노인이 아니라 베풀기를 좋아하는 어르신이 되기를 원합니다. 아이스크림을 들고 있는 어린이 앞에서 너무 길게 기도하는 눈치 없는 노인이 아니라 때와 장소를 헤아리는 눈치 있는 어르신이 되기 원합니다.

'풍요로운 인생은 사랑을 나누고 꿈을 버리지 않는 것'이라는 독일의 시성 괴테의 말처럼 살아가는 동안 내세에 대한 소망과 꿈을 갖게 하시고 나이가 들어갈수록 신앙이 굳건해지고 명상의 시간이 많아지게 하옵소서.

오, 사랑하는 주님.

잘 걷지 못하더라도 우리가 뒤뚱거리며 걸음마를 배울 때 손잡아 주셨음을 기억하게 하시며, 부모의 삶이 보잘 것 없었더라도 부모로서 좋은 것만을 보여주려 최선을 다했다는 사실을 깨닫게 하여 주시옵소서.

사랑의 주님, 지금 이 시간 우리 교회 형제자매들이 필리핀 바기오에서 복음의 씨앗을 뿌리고 있습니다. 120여 년 전 영국 토마스 목사가 제너럴 셔먼호를 타고 이 땅에 건너와 뿌렸던 복음의 씨앗이 대한민국을 복음의 나라로 바꾸었고 세계경제순위 11위가 되고 제31회 리우 올림픽에서도 10위를 넘보는 작지만 강한 나라가 되었나이다. 오늘 필리핀 코기오에 뿌린 그 씨앗이 쓰레기 매립지에 사는 그들에게 희망을 주고, 나아가 필리핀과 동남아 전역에 복음의 파도 넘실대게 하옵소서.

먼저 그들을 은혜의 강물에 적셔주시고 돌아와 전하는 간증이 여기 남은 우리들에게도 흘러넘치게 하여주시옵소서.

우리의 삶 자체가 예배가 되기를 간절히 원하오며 우리 주 예수 그리스도 이름으로 기도하옵나이다. 아멘.

독일 오버암버가우 마을의 기적

거룩하신 하나님 아버지!

5월의 마지막 주일을 아버지의 집에서 보내게 하시니 감사합니다. 세상은 여전히 불안과 공포에 떨고 있지만 주님의 집은 어머니의 품속처럼 포근하여 한없는 평안과 쉼을 느낍니다.

380여년 전 유럽 전역에 페스트가 창궐하여 수 많은 사람들이 목숨을 잃고 공포에 떨고 있을 때 '예수 수난극'이란 연극을 통해 회개의 기도를 드린 뒤 한 사람의 희생자도 발생하지 않았던 독일 오버암머가우 마을을 떠올립니다.

2021년 코로라19로 지구촌 곳곳이 아직도 신음 속에 잠겨 있지만 이 도시에는 코로나19 환자가 한 명도 발생하지 않았다는 놀라운 사실을 접하면서 우리 주님이 확실히 살아계심을 깨닫습니다.

의인 10명만 있어도 소돔과 고모라성을 멸망시키지 않겠다고 약속하신 주님, 의인 몇 사람이 있어 독일 오버암머가우 마을도 지켜주시고 우리 교회도 지켜주시니 너무 감사합니다. 우리 모두 의인이 아닌 것은 분명하지만 '이름 없는 영웅들'이 있어 그냥 덤으로 살아가는 것은 아닌지 참으로 부끄럽습니다.

하루도 빠짐없이 새벽 기도회에 나오고 성전을 청소하는 사람들, 주말마다 낙엽을 쓸며 주일을 준비하는 사람들, 뜨거운 햇살 아래 차량을 정리하고 운행하는 사람들, 이름 없는 영웅들로 인하여 남겨두시니 부끄럽고 감사합니다.

저희가 주일을 지키는 것이 주님께 혼나지 않기 위해서가 아니라, 헌금을 드리고 봉사하는 것이 세상에서 잘살고 자자손손 복을 받기 위함이 아니라, 오로지 주님 만나는 설렘만으로 주일을 성수하는 진정한 축제의 날이 되기를 원합니다. 특별히 올해는 우리의 기도가 변하길 원합니다. 기도가 변해야 행동이 변하고 행동이 변해야 거룩한 삶을 살아갈 수 있기에 우리 교회 모든 성도들을 성숙한 기도자로 세워 주시옵소서.

오늘 말씀을 듣고 단위에 서신 목사님의 입술에 은혜가 흐르게 하시어 선포되는 말씀을 통해 거듭남의 축복이 있게 하여 주시옵소서. 예배시간 시간마다 여기저기서 흐느낌과 통곡이 있는 감동을 허락하여 주시옵소서.

주님, 핸드폰으로도 성경과 찬송을 볼 수 있지만 그래도 성경책 한 권은 옆에 끼고 교회에 나오는 멋진 집사님, 우아한 권사님 되게 하시고 먼 훗날 자녀들이 손 때 묻은 그 책을 만지며 '어머님이 물려주신 성경책' 찬송가처럼 어머니를 그리워하는 아름다운 유산 하나쯤 남기게 하여 주시옵소서.

독일 오머암머가우 시티를 지키시고 오늘까지 우리 교회를 지켜주시는 우리 주 예수 그리스도 이름으로 기도하옵나이다. 아멘.

내가 먼저

그날, 골고다 언덕에서 십자가에 못 박혀 죽으시던 그날, "나의 하나님, 나의 하나님 어찌하여 나를 버리시나이까?" 라고 기도하셨던 주님, 정말로 우리를 버리시려는 것입니까? 코로나19 발생 이후 지구촌의 수많은 주의 종들이 엎드려 기도하고 주님의 백성들이 목 놓아 울부짖어도 아직 응답이 없으시니 우리 모두 절망 가운데 있습니다.

백신이라는 것이 응답이 아닐까 생각했는데 백신이 우리를 해방시키지 못하고 계속해서 코로나 변이라는 이름으로 억압하고 있으니 불안과 공포의 나날을 보내고 있습니다.

주님, 숨바꼭질하듯이 식당에 가고 내가 다녀온 곳이 안전문자에 뜨지 않아야 안도의 한숨을 쉬는 초조의 나날을 보내고 있습니다, 사랑하는 형제가 혹시 확진자는 아닐까 의심한 적도 있습니다. 주여, 이 땅의 백성들을 불쌍히 여겨주시옵소서.

주님 저희들의 기도가 간절하지 못한 것입니까? 기도의 방향이 잘못된 것입니까? 저희의 기도가 간절하지 못했고 기도의 방향이 잘못되었다면 제자리로 돌아오게 하여 주시옵소서.

엘리아 선지자 시대 사르밧 여인이 엘리아를 위해 먼저 떡을 만들어 드린 뒤 통에 가루가 떨어지지 아니하고 병에 기름이 없어지지 아니하였고 죽은 아들의 혼이 돌아왔음을 기억합니다.

거룩하신 하나님, '하나님이 이런 것을 해주시면 이렇게 하겠나이다'가 아니라, 사르밧 여인처럼 내가 먼저 순종하게 하시고, '주소서, 주소서'의 기도가 아니라 먼저 하나님의 나라와 의를 구하는 자들이 되게 하여 주시옵소서. 내가 먼저 손 내밀게 하시고, 내가 먼저 용서하게 하시고, 내가 먼저 이해하게 하시고, 내가 먼저 높여주게 하시며 내가 먼저 섬기게 하시옵소서.

오늘 말씀을 듣고 단위에 서신 담임목사님께 성령의 권능을 허락하시어 입술을 통해 나오는 모든 말씀을 하나님으로 말씀으로 받게 하시며 곳곳에서 아멘의 역사가 있게 하여 주시옵소서.

내일 종말이 온다고 하여도 한그루 사과나무를 심고 죽음의 목전에서도 그래도 지구는 돈다고 외쳤던 선인들처럼 확실한 신념으로 살아가게 하시옵소서. 오늘 하루가 하나님의 선물이며 아침에 일어나 눈을 뜨는 것이 부활이라는 믿음으로 살게 하시옵소서.

오늘은 광복절, 36년 동안의 입본의 압박에서 해방 된 지 76주년이 되는 날입니다. 이 뜻깊은 날이 우리민족이 코로라19로부터 해방되는 또 하나의 광복절이 되게 하여 주시옵소서.

지금 이 시간에도 우리의 등 뒤에서 우리를 지키시고 불볕 속에서도 한 줄기 소낙비와 또 한 번의 가을을 준비해주시는 우리 주 예수 그리스도의 이름으로 기도합니다. 아멘.

일어서는 것도 기적

거룩하신 주님, 주님은 우리 안에 계시는데 우리는 주님 밖으로 나와 주님을 찾고 있는 어리석은 자들입니다. 용서하여 주시옵소서. 폭염과 폭우 속에서도 지켜 보호하여 주시고, 가을 햇살을 주시어 과실마다 단맛을 스미게 하시며, 오늘 거룩한 주일을 맞아 주님 전에 나와 예배하게 하시니 감사드립니다.

주님, 돌아보니 '기적'이라는 것이 하늘을 날거나 땅이 솟구치는 것이 아니라 일어서 걷는다는 것, 아침에 일어나 양말을 신는다는 것이 기적이며 감사한 일임을 깨닫습니다.

반듯하게 걷는다는 것이 얼마나 엄청난 일이며 혼자서 일어나고 교회에 나와 성도들과 교제를 나누며 찬양하는 일들이 어떤 사람들에게는 기적보다 더 간절한 일임을 깨닫게 하시고 오늘의 모습에 감사하는 자들이 되게 하여 주시옵소서

사랑하는 주님

저희가 세상에 있으되 세상 것이 되지 않게 하시고, 세상에서의 나의 삶이 내 중심이 아니라 주님 중심의 삶이 되기를 원합니다. 이 세상에서 곤고하다하여 부끄러워하거나 주눅이 들지 않게 하시며, 가진 것으로 인하여 교만하거나 다른 이에게 상처를 주지 않도록 일깨워주시옵소서. 형통할 때가 가장 위험한 때임을 알고 겸손한 자가 되게 하여 주시옵소서.

오늘 말씀을 듣고 단위에 서신 담임목사님을 기억하여 주시고 축복하여 주시옵소서. 정년을 앞두고 심약해지지 않도록 지켜주시고 정년은 슬픈 일이 아니라 축하받을 일이오니 크게 축복하여 주시고 그 이후의 삶도 책임져 주시옵소서.

주님, 이제 10여 일 후면 우리 민족의 대명절 추석이 돌아옵니다.

'그러므로 예물을 제단에 드리려다가 거기서 네 형제에게 원망들을 만한 일이 있는 것이 생각나거든 예물을 제단 앞에 두고 먼저 가서 형제와 화목하고 그 후에 와서 예물을 드리라'고 말씀하신 주님, 이번 추석은 형제가 화목하고 부모와 자식이 화목하고 성도가 화목하고 남과 북이 화목하는 기회가 되기를 간절히 소망합니다.

특별히 이 땅에 다시는 전쟁의 아픔이 없기를 소원하오며 하나님이 지으신 이 아름다운 세상이 상처가 되지 않게 지켜주시옵소서.

주님, 32년 전 이 땅에 우리 교회를 세워주시고 지금까지 부흥 성장케 하시니 감사드립니다. 우리 교회의 오랜 전통인 1백일 작정기도가 진행 중이오니 작년보다는 하루라도 더 참석하려는 마음을 주시옵소서.

오늘 주일을 맞아 하나님을 송축하는 이 땅의 모든 찬양대를 축복하여 주시되, 우리 교회 찬양대를 더 많이 사랑하여 주시고 이 시간 병든 자들을 위하여 헌신하는 자들, 해외에서 하나님의 복음을 전파하는 자들, 교회의 일치를 위해 수고하는 자들, 빈곤을 퇴치하기 위해 땀 흘리는 자들을 위로하여 주시옵소서.

우리 기도의 유일한 청취자이신 예수 그리스도의 이름으로 기도하옵나이다. 아멘.

52개의 징검다리

　존귀하신 주님, 코로라가 잠시 잦아드는가 싶어 이제 움츠린 가슴을 조금 펴는가 했더니 튀르키예와 시리아를 덮친 지진으로 지구촌이 비탄에 빠져 있습니다. 전쟁도 그치지 않고 기상이변과 각종 사고로 이 땅에는 안전지대가 없습니다. 주님, 각종 사건 속에서도 남겨두시고 최고의 안전지대인 주님의 집에 나와 예배하게 하시니 감사합니다. 송구영신 예배를 드리던 날 찬양의 옷으로 갈아입고 주님만을 따르겠다고 약속했는데 몇 가지는 벌써 '작심 한 달'이었습니다. 그래도 주님의 사랑에 기대어 회개하오니 용서하여 주시옵소서.

　몇십 년 만의 폭설이 내린 지난 겨울 양지쪽 눈은 일찌감치 녹았는데 음지의 눈은 오래도록 남아 있음을 보면서, 주님 곁 양지쪽에 서 있는 저희들의 죄가 눈같이 녹을 것을 생각하니 가슴이 벅차올랐습니다. 자녀 삼아 주신 은혜 감사합니다.

　엄위하신 주님, 저희들은 올해도 주님과 동행하는 52개의 징검다리를 건너게 될 터인데 발을 헛딛지 않도록 붙잡아 주시옵소서. 저희가 건너야 하는 강이 은혜의 강이라면 좋으련만, 그러지 않더라도 52개의 징검다리를 무사히 건너, 희망의 새해를 만나게 하여 주시옵소서.

　부활의 징검다리, 은혜의 징검다리, 순종과 배려의 징검다리를 건너게 하시며, 욕심의 징검다리가 아니라 믿음의 징검다리를 건너 우리 모두 하나님과 뜨겁게 만나는 감동을 하락하여 주시옵소서.

거룩하신 주님, 올 한해 창세기를 읽으며 징검다리 하나를 건너고 출애굽기 레위기 요한계시록에 이르기까지 말씀의 징검다리를 건너고 건너서 여기 있는 저희 모두가 '잘했다' 칭찬받는 자들이 되게 하여 주시옵소서.

존귀하신 주님, 꽃이 봄에만 피는 것이 아니고 여름에 피는 꽃도 있고 가을 피는 꽃도 있으며 추운 겨울 눈 속에서 피는 꽃도 있사옵니다. 그 때가 언제일지는 모르오나 우리 모두 언젠가 한 번은 화려하게 피어서 주님의 영광을 위해 쓰여지기를 간절히 소망합니다.

또한 아름다운 꽃나무를 찾아 이리저리 떠돌아다니는 벌과 나비가 아니라, 우리들 각자 각자의 뜨락에 아름다운 꽃과 나무를 심어 벌과 나비가 우리 곁으로 날아오게 하는 향기로운 삶을 살아가게 하여 주시옵소서.

특별히 올 한해는 예수님을 설명하기보다는 예수님을 증거하고 고백하는 해가 되기를 간절히 소망합니다. 말씀을 들고 단위에 서신 목사님께 성령의 두루마기를 입혀주시어 예수님을 증거하고 고백하는 말씀을 통해 우리 모두의 삶이 주님께 증거 되고 고백되어지는 한 해가 되게 하여 주시옵소서.

이 예배를 위해 수고한 모든 이들과 찬양으로 하나님을 경배하는 찬양대를 축복하여 주시며, 오늘의 이 예배를 주님께 온전히 바치오니 홀로 영광을 받으시옵소서. 주님 며칠 전 입춘이 지났습니다. 올봄에는 주님의 품 안에서 오직 사랑으로 싹트는 믿음의 새싹들이 되기를 간절히 원하오며, 우리의 전부가 되시는 예수 그리스도의 이름으로 기도하옵나이다. 아멘.

겸손의 안전벨트를 매고

거룩하신 주님, 주님의 보호 아래 2018년을 안전하게 보내고 해가 바뀌어도 이 거룩한 성전에서 예배하게 하시니 감사합니다. 우리에게 주어진 하루하루가 송구영신의 예배처럼 간절하고 회개와 용서가 있는 삶이 되기를 원합니다. 그냥 오는 하루가 아니라 다시는 오지 않은 날이기에 오늘 이 자리에서 만들 수 있는 행복의 가치를 깨닫게 하여 주시옵소서. 영적 부흥을 통해 하루하루가 좋은 날이 되기를 원합니다.

사랑의 주님,

특별히 올해는 우리 교회 식구들 모두가 안전띠를 확실히 매고 한해를 살아내기를 원합니다. 때로 비포장의 길을 가야 하고 좁은 문도 지나야 하기에 겸손의 안전띠를 매고 주님과 동행하기를 원합니다. 교만한 자는 안전띠를 가벼이 여길지라도 하나님을 믿는 우리는 전 좌석 겸손의 안전띠를 매고 주님의 발자취를 따라가게 하옵소서. '나는 포도나무요 너희는 가지라'고 하신 주님, 올 한해는 온전히 주님께 매달린 가지가 되고 달고 맛있는 포도송이로 거듭나기를 원합니다.

사랑의 주님.

올해는 우리 교회에 영적 부흥의 불꽃이 피어나기를 원합니다. 선포하시는 말씀에 성령이 임하시어 가슴이 뜨거워지는 예배가 되기를 간절히 소망합니다. 예배의 시간마다 눈물과 감동이 있는 뜨거운 성령의 도가니가 되게 하옵소서.

　찬양이 끊이지 않으며 예배가 살아 있고 놀라운 기적이 일어나는 한 해가 되기를 간절히 원합니다. 특별히 오늘 예배는 1년에 52주 드리는 예배가 아니고, 말씀을 이해하고 고개를 끄덕이는 정도가 아니라 은혜의 강물에 퐁당 빠져 한식경 잠기면 좋겠습니다.

　주님, 말씀을 사모하여 기도를 줄입니다. 미처 아뢰지 못한 것도 주님은 아시오니 채워주시고 우리가 살아가면서 같은 죄를 두 번 짓지 않도록 붙들어 주시옵소서.

　우리를 죄에서 구원하여 주신 우리 주 예수님의 이름으로 기도하옵나이다. 아멘.

그냥 좋으신 하나님

그냥 좋으신 하나님 아버지, 감사합니다.

이 밤 하나님과 같은 방향으로 서 있기를 원합니다. '심령이 가난한 자는 복이 있다'고 하셨사오니 오늘 밤 심령이 가난해지기 원합니다. 애통해하는 자가 되기를 원합니다. 온유한 자가 되기를 원합니다.

사랑의 주님, 저희가 무리들과 함께 있지 아니하고 이 밤 하나님의 성전을 찾았아오니 주님의 제자로 삼아주시옵소서. 할 수 없어 맡기는 것이 아니라, 능히 할 수 있는 것까지도 하나님께 내어드리는 겸손과 온유함을 소망합니다.

우리 교회를 사랑하시는 주님, 성도와 성도가 소통하고 성도와 목회자가 소통하고 기관과 기관들이 소통하여 모든 성도가 하나님과 소통하는 '통통통'의 믿음을 허락하여 주시옵소서. 휘몰아치는 파도위에서 찬양할 수 있느냐고 물으셨던 주님, 이밤 찬양하기 위해 이렇게 나왔사오니 무리들을 뜨거운 성령으로 채워주시고 믿음의 온도를 날마다 더하여 주시옵소서.

말씀이 곧 법이 되게 하시고 손짓 손짓이 성호가 되게 하시고, 한숨까지도 찬양이 되게 하여 주시옵소서. 저희가 계획한 '7·7 비전'을 이뤄주시고 사순절 새벽기도 기간에 성령체험의 은혜를 허락하여 주시옵소서.

주님, 바라옵기는 성도들이 믿음의 알에서 막 깨어나려는 그 순간에,

껍질을 깨주는 줄탁동시의 은사를 주시옵소서. 담담 교역자가 아니라 믿음의 담임선생님이기를 원합니다.

주님, 청년의 때에 하나님을 알게 하시고, 중년의 때에 데려가지 아니하시고, 노년의 때에 자녀들과 함께 예배하게 하시니 무한 감사합니다. 군더더기 없는 믿음을 원합니다, 오늘 예배에 참석하지 못한 형제들도 축복하시되 지금 이 자리에 있는 자들을 더 많이 축복하여 주시옵소서.

우리의 소망이신 예수 그리스도 이름으로 기도하옵나이다. 아멘.

마지막 위로자

사랑과 은혜가 풍성하신 하나님 아버지, 오늘 하루도 주님 품안에 품어주시고 저녁 이 시간까지 하나님 존전에 나와 예배할 수 있는 은혜 주시니 무한감사 드립니다.

많은 이들이 세상살이에 지치고 사람에게 실망하여 괴로워하고 있는 이 밤, 저희들은 그래도 마지막으로 만나서 위로받을 수 있는 하나님이 계시니 너무나 행복합니다. 응석 부릴 수 있는 하나님, 우리들의 모든 투정을 받아주시는 만만한 하나님이 계시기에 저희들은 오늘도 어린아이처럼 응석을 부립니다.

그냥 좋으신 하나님 아버지. 저희가 계획한 '1만 명 회집'을 위하여 기도하던 저희들에게 크고 훌륭한 성전을 허락하시더니 이번에는 부흥성장을 위해 또다시 공군 탄약고 이전까지 하나님의 뜻 가운데서 허락하시니 감사, 감사합니다. 성전이 차고 넘치고, 축복이 차고 넘치고, 사랑이 차고 넘쳐서 광주지역을 어거할 새로운 비전을 세우게 하여 주시옵소서.

주님, 이를 위해 불철주야 기도하시는 목사님을 기억하여 주시고 오로지 성령의 걸음걸이로 걷게 하여 주시옵소서. 우리 교회 모든 성도들이 이 세상에 기쁨을 전하는 매월동의 우체부가 되게 하시고 저같이 부족한 사람에게는 청소라도 감당할 수 있는 은혜를 허락하여 주시옵소서.

오! 사랑의 주님, 땅속 깊이 박혀 있는 보물이 되기를 원합니다. 사금파

리처럼 빤짝이는 저희들이 아니라, 사람의 눈에 띄는 저희들이 아니라, 오! 주여 깊이 파야 나오는 신실한 하나님의 자녀가 되기를 원합니다. 오로지 하나님의 눈에 띄는 자녀 삼아 주시옵소서.

오늘 말씀을 전하시는 목사님께 성령의 두루마기를 입히시어 저희에게는 가슴 떨리는 은혜의 시간이 되게 하여 주시옵소서.

끝이 없을 것 같은 오늘 밤의 어둠도 내일 아침이면 사라지리니, '이 순간도 지나가느니라'라고 말씀하신 하나님, 모든 것을 주님께 맡기오며 우리 주 예수님의 이름으로 기도드리옵니다. 아멘.

성령의 날개

존귀하신 주님, 오늘은 예배 가운데 성령을 온몸으로 느끼는 시간이 되기를 간구합니다. 하나님의 영이 수면 위에 운행하시고, 새가 날개 치며 그 새끼를 보호함같이 오늘 이 예배의 자리를 자유롭게 유영하시는 성령님을 사모합니다.

천지를 창조하시고 또 천지를 보호하시는 하나님, 저희를 광야에 버려두지 아니하시고 낮에는 구름 기둥으로, 밤에는 불기둥으로 인도하시고 만나를 주시고 반석에서 물을 주심같이 필요를 따라 모든 것을 채워주시는 주님, 저희에게 영안(靈眼)을 주시어 성령의 임재(臨在)를 알게 하여주시옵소서.

성령을 통해 돌 같은 마음을 제거하시고 살처럼 부드러운 마음을 주시옵소서. 마음 안에 악한 것들을 물리치고 언제나 부드럽고 선한 마음으로 사람들을 만나게 하시옵소서.

보혜사 성령님, 성령님은 저희 곁에 계셔서 도와주시는 분임을 믿습니다. 주님이 승천하실 때 또 다른 보혜사를 약속하셨기에 오늘 이 예배의 자리에도 또 다른 보혜사로 오셔서 저희와 함께 계심을 믿습니다.

그러나 주님, 저희는 지금 저희 곁에 계시는 주님을 그림자처럼 생각하며 살았습니다. 큰 소리로 불러야 먼 곳에서 달려오시는 것으로 생각하며 큰 소리로만 불렀습니다. 지금 저희 곁에서 독수리처럼 날아 각자 각자의 간구를 듣고 계시는데 곁에 계시는 보혜사 성령님을 느끼지 못하고 살아왔습니다. 용서하여 주시옵소서.

주님, 살아가면서 늘 주님이 곁에 계신다는 생각을 잊지 않게 하시옵소서. 무슨 일을 하든지 보혜사 성령님을 먼저 생각하게 하시며 '구하라, 찾으라, 두드리라'고 하신 말씀 따라 날마다 구하고 찾고 두드리는 자가 되기를 원합니다.

구하는 자에게 좋은 것을 주시고 성령을 주신다고 하신 주님, 삶 가운데서 적극적으로 성령을 구함으로써 성령님과 동행하는 삶을 살게 하여 주시옵소서. 성령님은 신비로운 존재가 아니라 인격적으로 저희와 동행하는 분이시며 저희의 간구와 외로움을 해결해주시는 분임을 믿습니다. 오늘처럼 마음이 외롭고 무너질 때 진리의 영으로 오셔서 저희를 위해 기도해 주시는 분임을 믿습니다.

허무한 시절 지날 때 / 깊은 한숨 내쉴 때 / 그런 풍경 보시며 탄식하신 분 있네 / 고아같이 너희를 버려두지 않으리 / 내가 너희와 영원히 함께 하리라 / 성령이 오셨네 성령이 오셨네 / 내 주의 보내신 성령이 오셨네 / 우리 인행 가운데 친히 찾아오셔서 / 그 나라 꿈꾸네 하네

보혜사 성령으로 내 곁에 오셔서 우리를 위로하시는 우리주 예수 그리스도 이름으로 기도하옵나이다. 아멘

기도의 응답자

마라나타 주여, 어서 오시옵소서. 오늘은 초대교회 성도들이 주님의 재림을 간절히 소망했던 그 심정으로 우리 주님 다시 오심을 간절히 갈망합니다.

2천 년 전, 주님이 오신 유대 땅, 지금 팔레스타인 지역에서 이스라엘과 하마스의 전쟁이 벌어지고 있습니다. 그것이 주님의 말씀을 이뤄가는 과정이라 하더라도 너무 많은 사람들이 죽어가고 있으니 속히 전쟁을 거두어 주시옵소서. 이 세대가 끝나기 전에 다시 오마 약속하신 우리 주님의 발소리는 들리지 않으니 주여, 언제까지이니까? 한 세대, 또 한 세대가 지나가고 주님만 기다리던 많은 성도들이 잠이 들고, 한사람 한사람 세상을 떠날 때마다 탄식 소리 그치지 않으니 주님 저희들의 부르짖음을 들어주소서. 어서 오시옵소서.

주님, 그래도 다시 오마 약속하신 말씀을 단단히 붙잡고 오늘 하루 또 하루를 살아갑니다. 지구촌 한쪽에선 전쟁의 포성 가득한데 이 땅은 오곡백과 풍성한 가을입니다. 지난 주간 저희 교회는 주님이 주신 풍성한 은혜에 감사하여 추수감사절을 지켰습니다. 저희들이 보기에도 그리 좋았는데 우리 주님은 얼만 좋으셨나요?

거룩하신 주님, 앞으로의 삶은 누군가의 기도에 응답해주며 살고 싶습니다.

인간의 생사화복과 전쟁의 문제는 우리 주님께 속한 것이려니와 그 밖의 작은 기도들은 응답해주며 살게 하여 주시옵소서.

박수받기를 원하는 사람이 있거든 뜨거운 박수로 응답해주고 추운 겨울 털신 한 켤레를 갖고 싶어 기도하는 자가 있거든 기쁜 마음으로 털신을 사주는 사람이 되기를 원합니다.

이제 날씨가 점점 써늘해질 터인데 지하철역에서 손을 벌리는 자가 있다면 지폐 한 장 쥐어 주는 멋진 성도, 자녀의 결혼을 간절히 원하는 권사님의 기도를 들었다면 좋은 사람을 찾아 적극 만나게 해주는 응답자가 되게 하여 주시옵소서. 그것이 그들에게는 기도의 응답이고 저희들에게는 선한 사명이 될 터입니다.

거룩하신 주님, 돌아보니 주님이 우리에게 주신 것 많아, 누군가의 기도에 응답할 수 있는 것들이 한 두가지가 아닙니다. 너무 많이 주신 것, 이제는 흘려보낼 줄 아는 마음을 주시옵소서. 우리 모두 옷 한 벌은 건졌지 않습니까.

오늘 선포되는 말씀을 통해 은혜받기를 원하오며, 천사의 목소리로 주님을 찬양하는 찬양대를 축복하여 주시옵소서.

마라나타, 주님 어서 오시옵소서. 좋을 때나 슬플 때나 영원하신 우리 주 예수 그리스도의 이름으로 기도합니다. 아멘.

노년의 기도

세상 모든 사람이 내 속을 몰라주어도 유일하게 내 속마음을 알아주시는 주님, 오늘 하나님의 전에 올라와 예배하는 이 시간, 어찌 이리 마음이 편안하고 시원한지요. 오늘도 세상 가운데 있지 아니하고 예배의 자리에 나오게 하시니 감사합니다.

이 예배를 통해 주님 홀로 영광 받으시오며, 저희들은 이 예배를 통해 세상의 잡동사니 섞인 합금이 아니라 순금으로 다시 태어나는 귀한 은혜의 시간이 되기를 간절히 기도합니다.

거룩하신 주님, 어젯밤 어머니를 요양원이 보내고 통곡하는 친구의 이야기를 듣고 꼬박 뜬눈으로 새웠습니다. 이 시대의 고려장이라는 그곳에 부모님을 보내고 통곡하는 친구를 위로하면서 그냥 목이 메었습니다. 오래 전 우리의 조상들은 정승을 하다가도 부모가 병환에 들면 벼슬을 내려놓고 돌아와 봉양했다는데, 정승 같은 높은 벼슬도 아니면서 직장 때문이라는 핑계로, 현실 때문이라는 알량한 이유로 언제까지 많은 부모 자식이 생이별을 해야 하는 것일까요? 어쩔 수 없는 현실이라면 의료진과 요양보호사들에게 자식들의 안타까운 마음을 전하여주시옵소서.

거룩하신 주님, 세상 살아가는 동안에 끝까지 내 손으로 머리를 감게 하시고 손톱 발톱 자르는 일, 화장실 가는 일도 내 스스로 할 수 있게 하시옵소서. 사랑하는 가족, 평생 함께 교회를 섬겼던 정다운 성도들의 얼굴을 잊지 않고 아름답게 추억하게 하시며, 눈에 넣어도 아프지 않을 사랑하는 손자 손녀들을 어루만지며 살게 하여 주시옵소서.

더욱 간절히 바라는 것은 세상에 대한 미련들을 하나씩 덜어내고 그 자리에 하나님의 일들을 채워 넣고, 하나님의 성전에서 찬양하며 오직 감사하는 마음으로 살아가게 하여 주시옵소서. 마음이 가난한 자가 복이 있다고 하였사오니 마음이 가난한 자로 살게 하시며, 오늘 드리는 이 기도가 이 자리에 있는 저희 모두의 간절한 소망인 것을 우리 주님은 아시오니, 좋은 방법으로 응답하여 주시옵소서.

거룩하신 주님, 오늘 말씀을 들고 단위에 서신 담임 목사님께 이 세상을 고루 밝히는 하나님의 햇볕을 주시어, 여기 모인 모든 사람들이 풍성한 은혜를 받게 하시며, 저희들의 입술에서 아멘이 떠나지 않게 하여 주시옵소서.

이 주간부터 시작된 여름성경학교와 중고등부, 청년회 수련회가 해마다 반복하는 연례행사가 아니라 하나님과 만나는 특별한 시간, 한 번쯤은 전율이 느껴지는 우리 인생의 변곡점이 되기를 간절히 소망합니다.

주님, 백향목 찬양단의 찬양이 그립습니다. 은퇴 목사님들과 사모님, 백양목 선교회원들이 지켜주었던 찬양대가 다시 세워지기를 원하며 평생을 하나님 의지하고 살아오신 원로목사님과 은퇴 목사님이 주님의 날개 그늘 아래서 편히 쉬게 하여 주시옵소서.

지금 이 시간에도 저희를 위해 기도하시는 우리 주 예수 그리스도의 이름으로 기도하옵나이다. 아멘.

감사의 안경

존귀하신 주님

뜨거운 태양이 내리쬐는 여름날 검정 선글라스를 끼고 바깥을 봅니다. 파란 하늘이 금방 검게 바뀌고 푸르고 싱싱한 나뭇잎도 어두워집니다. 붉은빛 선글라스로 바꿔봅니다. 푸른 하늘도 푸른 나뭇잎도 불그스레 아름답습니다. 세상은 그대로인데 내가 낀 선글라스에 따라 세상이 바뀌어 보입니다.

주님, 세월이 흐르는 물처럼 빨리 지나간다고 합니다. 그런데 주님, 세월이라는 정거장은 그대로 멈춰 있는데 저희가 그 앞을 빠르게 지나고 있다는 생각도 하게 됩니다. 광주에서 KTX 열차를 타고 서울로 갑니다. 광주역은 수십 년 동안 그냥 그 자리에 있고, 서울역은 그보다 더 오랫동안 그 자리에 있습니다. 사람들이 그 곳을 지날 뿐입니다. 빨리 가는 것은 열차이고 내가 세월이란 것을 지나서 가는데 사람들은 세월이 빨리 흘러가 버린다고 야단입니다.

주님, 저는 오늘부터 감사의 안경을 쓰기로 했습니다. 감사라는 안경을 쓰고 세상을 바라보기로 했습니다. 선글라스처럼 감사의 안경을 쓰면 모든 것이 감사로 보일 수 있을 것 같기 때문입니다.

특별히 미워하는 사람부터 감사의 안경을 쓰고 감사할 만한 일들을 찾아봅니다. 아무리 생각해도 떠오르지 않아 '얼굴이 밉지 않아서 감사하고, 옷차림이 촌스럽지 않아서 감사하고, 내 앞에서 나를 욕하지 않아서 감사하고…' 그렇게 몇 가지를 세고 나니 더 이상 셀 것이 없습니다.

주님, 그리하여 내가 가장 사랑하는 사람을 떠올리며 감사할 만한 것들을 써 내려갑니다. '내 아내가 되어 준 것이 감사하고, 아침에 일어나 마주할 수 있어 감사하고, 출근할 때 손을 흔들어주어서 감사하고, 아이들을 낳고 길러주어서 감사하고, 나를 대신해줄 일들이 많아서 감사하고, 무엇보다 나와 함께 신앙생활을 하는 것이 감사하고, 나보다 찬양을 잘하는 것이 감사하고…. 스무 가지 남짓 쓰고 나니 또 막혀버립니다.

주님, 이번에는 주님에 대한 감사를 적어봅니다.

'육신의 부모님을 통해 이 땅에 태어나게 하시고, 먹고 보며 걷게 하시고, 지혜와 총명으로 말하게 하시며 죄와 사망에서 구해주시고, 눈에서 눈물이 멈추게 하셨으며, 그 발이 넘어지지 않도록 붙드시고. 교회에 나와 많은 성도들과 목회자들을 만나게 하시고, 그 만남을 통해 커다란 비전을 갖게 하시고… 시원한 아침과 따스한 햇볕, 비와 바람을 주시고, 씨 뿌려 거두게 하시고…' 헤아려보니 너무도 많습니다.

주님, '주의 손에 나의 손을 포개고, 주의 발에 나의 발을 포개고'라는 찬양처럼 주님에 대한 감사를 미워하는 사람에게 포개어봅니다. 오! 주님, 아무리 생각해도 가장 강력한 고발은 사랑인 것 같습니다. 거룩한 입맞춤을 좋아하시는 우리 주 예수 그리스도의 이름으로 기도하옵나이다. 아멘.

제자리

주님,
봄이 가고 여름이 오고 있습니다. 머지않아 여름이 가고 또 가을과 겨울이 올 터인데 저희는 언제 제자리로 돌아오게 되는 것입니까?

주님, 남편 사랑하기를 아담이 하와를 보듯 하고, 아내 사랑하기를 하와가 아담에게 순종하듯이 하라고 하셨는데 남편과 아내의 자리를 떠난 자들이 너무 많사오니 어서 제자리로 돌아오게 하시옵소서.

남편과 아내가 한 몸을 이뤄 생육하고 번성하라 하신 말씀이 귀에 생생한데 동성(同性) 간의 결혼이 합법화되어가는 잘못된 세상을 멈춰주시고 남자는 남자의 자리로, 여자는 여자의 자리로 돌아오게 하여주시옵소서.

주님, 부모와 자녀들이 밥상머리에 둘러앉아 서로를 아픔을 이해하고 걱정해주어야 할 터인데 '따로 밥상'의 현실 앞에 가정이 무너져 가고 있으니 속히 회복시켜 주시옵소서, 집을 떠난 아이들이 학교 밖으로 나돌고 있고 선생님들은 아이들 눈치 보기에 급급한 오늘의 현실은 정상이 아니잖아요? 하루속히 각자의 자리로 돌아오게 하여주시옵소서.

세상 밖은 온통 갈등뿐입니다, 가진 자와 못가진 자의 오랜 싸움이 끝날 줄 모르고, 의료분쟁으로 의사들이 환자 곁을 떠나는 안타까운 현실 앞에 서 있사오니 주님, 그들이 환자의 가슴에 청진기를 대고 치유와 위로의 자리로 돌아오게 하여주시옵소서.

오! 주님,

특별히 이 땅에서 전쟁을 거둬주시며 하나님께서 주신 천하보다 귀한 목숨을 보전하시며 죽음의 바다라는 사해에서 물고기가 뛰어놀고 하나님의 평화가 이 땅에 속히 임하시옵소서. 하나님의 땅, 이스라엘에 화평이 있게 하시며 다시 오시겠다는 약속이 이뤄져 이 땅 가득 하나님의 평화가 깃들게 하여 주시옵소서.

주님, 남국과 북극의 얼음덩어리가 녹아내려 이 땅이 불바다로 변하고 유프라테스강이 말라 농사를 지을 수 없는 말세의 징조들이 창궐하는 가운데 있으니 얼음은 얼음으로 남고 강물은 강물대로 흐르게 하여 주시옵소서.

또한 말세의 징후를 틈타고 적그리스도가 들끓고 있아오니, 이단의 늪에 빠진 자들이 하루빨리 가정으로, 진리가 살아 있는 거룩한 예배당으로 돌아오게 하여주시옵소서.

주님, 이제 우리 주님 계신 곳 가는 길에 노래를 부르며 걸어가기 원합니다. 꽃길이라면 무슨 노래를 부르며 바다가 보이는 언덕이라면 무슨 노래를 부르며, 파란 보리밭이 일렁이는 들판이라면 무슨 노래를 부르며 갈까요? 그때는 주님만 아시오나 주님 곁 그 자리에 서 있기를 원합니다.

한밤중에도 빛나는 태양으로 새로운 은혜와 참 빛을 주시는 우리주 예수 그리스도의 이름으로 기도하옵나이다. 아멘.

03

특별한 날의 기도

순종의 무리가 되게 하소서 〈새해 기도문〉

모든 것이 멈추어도 여전히 일하고 계시는 주님, 새해가 밝았습니다. 환란 가운데서도 또 한 번의 새해를 맞게 하시니 감사합니다. 우리는 오랫동안 희망의 새해라는 말을 하나의 단어처럼 사용해왔는데, 선뜻 희망이라는 말을 붙일 수 없는 현실이 아픕니다. 그래도 희망의 끈을 놓지는 않겠습니다.

올해는 주님의 자녀들이 넓은 성전에 모여 뜨겁게 찬양하고 기도할 수 있으리라 기대했는데, 그 기대가 허물어져 주님과 이웃을 향한 사랑이 자꾸만 식어 갑니다.

엄동설한의 추위와 벼랑 끝까지 내몰려 각박해진 우리의 마음에는 도무지 주님이 보이지 아니하고, 항상 있을 것이라고 하셨던 말씀 한줄기 붙잡고 있지만 믿음과 소망과 사랑이 자꾸만 희미해져 갑니다. 주님 지금 어디에 계십니까? 어디에서 일하고 계십니까? 우리의 아우성을 듣고 계십니까?

거룩하신 주님, 우리는 지난 2년 동안 물질이 행복의 근본이 되지 못함을 깨달았습니다. 올해는 큰 부자가 되겠다거나 최소한 100세는 살아야 한다는 허망한 꿈을 꾸지 않게 하시고, 지금 내 곁에 있는 사람들에게 행복과 물질을 나누며 겸손한 마음으로 하나님의 뜻을 헤아리게 하여 주시옵소서.

거룩하신 주님, 모든 것이 멈춰도 주님의 발걸음은 결코 멈추지 않을 것이라 믿으면서도, 순간순간 '어쩔 수 없다'고 포기했던 연약함과 죄의 자리가 주님이 누우실 구유가 되게 하시옵소서. 오늘의 이 예배를 통해 주님께서 우리의 모든 고통과 슬픔까지도 돌보아 주실 줄 믿습니다.

주님, 2022년 새해에는 단순히 주님을 좋아하는 팬이 아니라 순종의 무리가 되겠습니다. 팬의 무리는 세상의 인기를 따라 움직이지만 순종의 무리는 말씀 따라 움직이는 제자이기 때문입니다.

무엇보다 말씀을 들고 단위에 서신 담임 목사님을 능력의 팔로 붙드시어, 입술을 통해 나오는 말씀들이 감동과 감화와 눈물이 있는 예배가 되게 하시옵소서. 고통받는 자가 위로받고 병든 자가 치료받고 소외된 자가 소외의 그물을 걷어내는 축제의 예배가 되게 하여 주시옵소서.

우리를 향한 발걸음은 결코 멈추지 않겠다고 하신 주님, 지금도 이 자리에 임재하고 계실 주님, 곳곳에서 흘러나오는 흐느낌과 한숨을 듣고 계시지요, 위로하여 주시고 새해 새 희망을 되돌려 주시옵소서.

우리의 구원자 되시며, 믿음과 소망과 사랑 되시는 예수님의 이름으로 기도하옵나이다. 아멘.

믿음의 새싹을 키우는 봄비처럼

거룩하신 주님, 오늘 성일을 맞아 거룩한 존전에서 예배하게 하시니 감사합니다. 특별히 오랜 가뭄 끝에 단비를 주시어 삼라만상이 봄의 기운으로 가득차게 하시니 무한 감사합니다. 올해도 매화꽃을 보게 하시니 감사합니다.

철따라 눈비를 주시고 인간의 길흉화복을 주관하시는 주님, 저희 나약한 인간들은 주님의 원대한 계획을 알지 못하고, 불평하는 어리석음을 되풀이하고 있습니다. 더욱이 믿는 자라고 하면서도 세상 속에 섞이어 무엇을 먹을까 무엇을 입을까 염려하며 살고 있음을 고백하오니 불쌍히 여겨 주시옵소서.

거룩하신 주님, 우리 기독교인들이 오랫동안 기도의 제목으로 삼아온 남북화해의 조짐을 보여주시니 감사합니다. 이번 기회를 통해 남과 북이 하나 되게 하시고, 특별히 저 동토의 땅에도 하나님의 말씀이 자유롭게 선포되고 찬송가가 울려 퍼지는 감격의 날을 허락하여 주시옵소서.

남북 정상회담과 북미회담을 통해 이 땅에 다시는 전쟁이 일어나지 않도록 확실한 합의가 있게 하시며, 하나님이 지으신 이 아름다운 금수강산이 하나님의 섭리 가운데 오래오래 보존되기를 간절히 소망합니다.

주님, 33년 전 이 땅에 우리 교회를 설립해주시고 부흥, 성장케 하여주심에 감사를 드립니다. 성령의 불길 타오르게 하시며 광주지역을 어거하는 복음의 방주로, 성시화(聖市化)의 횃불을 높이 든 불기둥으로 사용하여 주시옵소서.

오늘의 말씀이 믿음의 씨앗을 싹 틔우는 봄비가 되게 하시고, 맑은 향기 전하는 매화꽃이 되게 하시며 우리 교인이 옆에만 서 있어도 그리스도의 향기가 피어오르게 하시옵소서.

주님, 청년의 때에 주님을 알게 하시고, 중년의 때에 데려가지 않으시고 노년의 때에도 하나님의 섭리 가운데서 사랑하는 자녀들과 예배하게 하시니 무한 감사합니다. 저희들이 언제 어디에 있어도 하나님과 같은 방향으로 서 있기를 원하오며 우리 안의 모든 문제들이 항상 하나님의 방법으로 해결되기를 간절히 원합니다.

이 시간 세계 도처에서 환우들을 위해 헌신하는 자들, 하나님의 말씀을 전하는 자들, 특별히 병마와 씨름하는 환우들을 어루만져 주시옵소서.

우리의 기도에 분명코 응답하시는 우리 주 예수 그리스도의 이름으로 기도하옵니다. 아멘.

부활절 기도

할렐루야, 부활의 주님을 찬양합니다. 고난과 시련의 사순절을 경건하게 보내게 하시고 오늘 아침 부활의 주님을 만나게 하시니 감사합니다.

"나는 부활이요 생명이니 나를 믿는 사람은 죽더라도 살겠고 또 살아서 믿는 사람은 영원히 죽지 않을 것"이라고 말씀하신 주님, 사망 권세를 이기시고 부활의 첫 열매가 되신 주님을 찬양합니다.

성 금요일 골고다 언덕에서 십자가에 못 박혀 죽으시고, 사흘 만에 부활하셔서 제자들을 찾으셨던 주님을 생각합니다. 부활의 주님을 믿지 못하고 두려움과 의심으로 불안해하는 제자들에게 못 자국 선명한 손과 발을 보이시며, 보지 않고 믿는 자가 더 복이 있다고 하신 주님,

거룩한 부활의 아침, 여기 모인 저희 모두가 보지 않고도 믿어버리는 큰 축복을 허락하여 주시옵소서. 아브라함이 독자 이삭을 메고 모리아 산에 오르던 사흘 길을 동행하셨던 하나님, 독자를 안고 하나님께로 걸어가는 아브라함의 사흘길은 독생자 예수를 안고 저희를 향해 걸어오신 하나님이 아니신가요?

유다에게 버림받고 베드로에게 부인당하시고 세상의 모든 죄를 홀로 짊어지고 저희의 죄를 대속하신 주님, 저희는 아직도 이리저리 주님의 못 자국이나 살피는 어리석음에 싸여 있사오니 불쌍히 여겨 주시옵소서.

참 진리요 생명이신 주님, 부활의 주님을 기뻐하는 이 시간에 주님을

만났던 그 날 아침의 제자들처럼 오늘 이 예배를 통해 뜨겁게 주님을 만나게 하여 주시옵소서. 특별히 적그리스도가 판을 치는 이 세상에, "진짜가 나타났다"고 환호하며 춤추게 될 날을 간절히 간절히 고대합니다. 거룩하신 주님, 이 시대의 완악한 징조들을 보면서도 '아직은, 아직은'이라고 스스로 그 시기를 판단하며 살아가는, 나약하고 게으른 백성들을 불쌍히 여겨 주시옵소서.

오늘 말씀을 듣고 단 위에 서신 목사님을 성령으로 붙드시어 입술을 통해 나오는 모든 말씀이 저희들을 부활의 길로 안내하는 생명의 말씀이 되게 하시옵소서. 주님의 부활을 찬양하는 '백향목 찬양대'의 찬양을 기쁘게 받아주시며, 이 찬양이 절망과 좌절에 빠진 사람들에게 용기를 주시고 육신이 연약한 자들에게 치유의 은혜와 부활의 확신을 더하는 시간이 되게 하여 주시옵소서.

거룩하신 주님, 이 예배의 시간이 끝난 뒤 우리 모두 부활의 증인이 되기를 간구합니다. 베들레헴에 아기로 오셨던 그 날보다 사망 권세를 이기고 부활하신 주님을 더욱 뜨겁게 찬미합니다. 이 세상 살아가면서 환란과 핍박과 고난이 따를지라도 부활의 주님을 기다리며 항상 평안을 누리는 삶이 되게 하시옵소서.

우리의 죄를 위하여 십자가에 매달리시고 부활의 첫 열매로 오셔서 우리의 죄를 대속하신 예수 그리스도의 이름으로 기도하옵나이다. 아멘.

부활절 이후 첫주일

주님, 부활절 후 첫 주일입니다. 부활의 첫 열매가 되시고 확실한 증거로 친히 살아계심을 나타내사 하나님 나라의 일을 말씀하신 주님, 그때가 언제인지 모르오나 다시 오실 우리 주님을 끝까지 기다리며 찬양합니다.

주님을 기다리는 올해도 벚꽃이 흐드러지게 피어 올 부활절에 혹시나 주님이 오시려나 생각했습니다. 손양원 목사님은 '먼 하늘 이상한 구름만 떠도/ 행여나 내 주님 오시는가 해/ 머리 들고 멀리멀리 바라보는 맘/ 오 주여 언제나 오시렵니까?' 그렇게 노래했는데 부족한 저는 40여 년 만의 가뭄 속에서 피어난 벚꽃이 유달리 탐스러워 혹시나, 혹시나 했었습니다.

까까머리 소년 시절 주님을 만나 반백 년도 지나 고희를 눈앞에 둔 지금까지, 주님 오시기를 기다렸고 몇몇 형제들은 잠이 들었습니다. 주님 언제나 오시렵니까?

안식 후 첫날 막달라 마리아에게 나타나시고 마가 다락방에 모인 열 한 제자와 의심 많은 도마에게 부활을 증거하시고 갈릴리 바닷가에서 이적을 행하신 뒤 이 모든 일의 증인이 되라고 하신 주님, 주님의 자녀로 살아오면서 수십 번의 사순절과 고난주간, 부활절을 보냈으면서도 아직도 의심 많은 도마처럼 긴가민가 살아가는 죄인들을 불쌍히 여겨주시옵소서.

해마다 요란스럽게 지키는 사순절, 고난주간, 부활절이 아니라 우리에게 주어진 하루하루가 예수님의 부활을 살아내는 자들이 되게 하여 주시옵소서. 주님, 아브라함이 독자를 등에 지고 모리아산을 향할 때 주님의 계획을 믿었기에 주저하지 않았던 것처럼, 우리 주님이 역사적 예수이자 구원자인 것을 확신하고 담대하게 살아가게 하시옵소서. 휘몰아치는 파도 위에서 찬양하게 하시옵소서. 죽음의 파도 출렁거려도 찬양하게 하시옵소서.

삶의 마지막 일주일을 나 자신이 아닌 오로지 다른 사람의 행복을 위해 내어준 주님, 마지막 만찬을 행하시는 목요일과 성금요일의 피 흘리심, 그리고 사흘 후의 부활을 구구단처럼 기억하면서도 순간순간 주님의 아픔을 외면하고 살아가는 미련한 자들이오니 늘 깨어 기도하게 하시옵소서.

오늘 말씀을 들고 단위에 서신 목사님을 성령으로 붙드시어 입술을 통해 나오는 모든 말씀이 하나님의 말씀으로 대언되는 이 시간이 되기를 간절히 소망합니다.

특별히 하늘 소망으로 주님을 찬양하는 찬양대의 찬양을 기뻐 받아주시며 이생의 삶이 기쁨으로 충만케 하시옵소서. 오늘은 아픔의 세월호 9주기가 되는 날입니다. 주님이 창조하신 이 땅에서 다시는 억울한 죽음이 없고 전쟁도 없는 평화의 땅이 되기를 간절히 소망합니다.

십자가에 못 박혀 죽으시고 부활의 첫 열매로 다시 오마 약속하신 우리 주 예수 그리스도의 이름으로 기도하옵나이다. 아멘.

마음의 초막 〈성령 강림절 기도〉

　주님, 이스라엘 민족들이 출애굽 한 것을 잊지 않기 위해 무교병과 쓴 나물을 먹었던 것처럼 저희들은 주님의 부활을 기다리며 사순절 동안 경건의 삶을 살기 원합니다.
　주님께서는 유월절 전날 어린 양으로 돌아가시고 사흘 만에 부활하셨으며 신약시대 초대 교회 성도들이 오순절에 예루살렘에 모여 기도할 때 성령강림을 체험했던 것처럼 저희들도 뜨거운 성령체험을 원합니다.
　거룩하신 주님, 이스라엘 민족들이 출애굽 하여 광야를 횡단할 때 초막에서 살았던 것을 기억하기 위해 초막절을 지켰던 것처럼 저희들은 주님의 첫사랑을 기억하며 마음속에 초막을 짓는 겸손의 마음을 주시옵소서.
　주님, 이스라엘 민족들이 바벨론에서 70년간 종살이할 것을 미리 아시고 이스라엘의 멸망과 제2의 건국을 예언하셨으며 사람의 수명이 120살까지 가능하다는 것도 알려주셨습니다. 또 말세에는 인간의 지식이 크게 늘어 하나님을 대적하며 유프라테스강이 마르게 될 것이라고 예언하셨는데 21세기 초반 유프라테스강이 말라가는 것을 확인하게 되니 주님, 한없이 두렵고 떨리기만 합니다.
　거룩하신 주님,
　하나님의 말씀은 한 글자 한 획도 틀림이 없다는 것을 다시 깨닫고 두 손 들고 나아가오니 저희를 불쌍히 여기시어 품어 주시고 주님을 처음 만났던 그 날의 감격과 환희를 잊지 않게 하시옵소서.

구원받은 자는 구원받은 자로서의 사명이 있기에 언제 어디서나 담대하게 나설 수 있는 용기를 주시고 구분된 삶을 살게 하여 주시옵소서. 세상살이가 힘들고 어려울 때, 믿음 생활이 느슨해지고 세상의 유혹이 많아질 때면 안수를 받던 그 날의 다짐을 다시 붙잡고 처음으로 돌아가는 회초리(回初理)의 마음을 허락하여 주시옵소서.

주님, '내 입에서 나오는 말들은 마음에서 나오는 것'이라고 하였사오니 항상 내 마음에 좋은 것, 남을 세워주는 생각이 가득하게 하시어 내 입술을 통해 나오는 모든 말들이 하나님의 말씀으로 이 세상을 세워가게 하여 주시옵소서.

먼저 맑은 생각과 좋은 말을 하게 하시고 언제나 바른 몸가짐과 행동으로 주위 사람들에게 본이 되는 삶을 살아가게 지켜주시옵소서. 우리 주 예수 그리스도의 이름으로 기도하옵나이다. 아멘.

가정의 달 5월의 기도

존귀하신 주님, 이 좋은 계절을 주시고 무엇보다 예배가 회복되게 하시니 감사드립니다. 주님, 세계 도처에 있는 거룩한 하나님의 집에서 주님 홀로 영광을 받으시옵소서. 예배 전 찬양으로 마음이 뜨거워지고 아름다운 성가대의 찬양으로 마음 문이 열리게 하시니, 잃어버렸던 낙원을 되찾은 것 같아 기쁘고 기쁘옵나이다.

계절의 여왕으로 불리는 이 아름다운 5월에 가정의 달을 허락하시어 특별이 어린이 주일로, 어버이 주일로, 스승의 주일로 지키게 하시니 감사합니다.

'너희가 어린아이와 같이 되지 않고는 결단코 하나님의 나라에 들어가지 못하리라' 하셨고, '부모를 공경하라 그리하면 너의 하나님 나 여호와가 네게 준 땅에서 네 생명이 길리라' 하셨고, 유월절 전에 자기가 세상을 떠나 아버지에게로 돌아가실 때가 이른 줄 아시고 허리에 수건을 두르시고 제자들의 발을 씻기신 주님,

우리가 어떻게 자녀들을 사랑해야 하는지, 우리가 어떻게 어버이를 공경해야 하는지, 우리가 제자들을 어떻게 가르쳐야 하는지를 손수 보여주신 것을 너무도 잘 알고 있으면서도 실천하지 않는 이 어리석음을 용서하여 주시옵소서. 이 예배가 끝나고 혹여 자녀들을 노엽게 했다면 오직 주의 교훈과 훈계로 양육하게 하시며, 부모님과 스승이 살아계시면 달려가서

손잡게 하시며 이 땅에 계시지 아니하면 통회의 기도가 있게 하시옵소서.

 사랑의 주님, 우리 교회는 지난 주일 교회 창립 이후 처음으로 '택시타고 교회 나오기' 캠페인을 벌였습니다. 시민의 발이 되어 수고하는 기사님들을 위로하고 감사하는 뜻도 있지만 하나님을 전하기 위함이었습니다.

 주님, 브라질에서 나비가 날갯짓을 하면 텍사스에서 토네이도가 일어날까를 생각했던 나비효과처럼, 우리의 작은 날갯짓이 무등교회를 넘어 대한민국으로 지구촌으로 전파되고, 기사님들의 입을 통해 좋은 소문이 나비의 날개처럼 흩어지게 하시옵소서.

 주님, 오늘 이 시간이 지나면 다시 세상으로 나갑니다. 물질이 인생의 목적이면 물질이 우상이 되고 자식에 매달리면 자식이 우상이 되는 줄 알게 하시고 오직 하나님을 기쁘게 하는 삶이 되게 하옵소서.

 지금도 우리의 등 뒤에서 우리를 도우시는 우리 주 예수 그리스도의 이름으로 기도하옵나이다. 아멘.

어린이를 위한 기도

주님, 5월 5일 어린이날입니다. 이 세상의 모든 어린이가 슬픔에 처하거나 괴롭지 않고 행복하게 살아가기를 간절히 원합니다.

우리의 아이들이 푸른 하늘을 새처럼 날게 하시며 푸른 벌판을 냇물처럼 달리게 하시며 푸른 5월의 하늘 아래서 마음껏 노래하게 하여 주시옵소서. 손에 손잡고 뛰놀게 하시며, 그들의 입에서 세상 노래가 아니라 하나님을 찬양하는 노래가 골목골목에 울려 퍼지게 하여 주시옵소서.

이 땅에 계실 때 어린이들이 가까이 오는 것을 기뻐하시고 머리 위에 손을 얹어 축복하셨던 주님, 오늘 어린이날 이 자리에 임재하시어 그들의 머리에 손을 얹어 축복하시고 하나님이 가셨던 길을 걷게 하여 주시옵소서.

특별히 이 지구상에는 버려지고 병들고 굶주린 아이들이 너무 많습니다. 이 땅의 어린이들을 사랑하시는 주님, 자신의 잘못이 아니라 온전히 어른들의 잘못으로 고통받는 그들을 지켜주시며 곳곳에서 도움의 손길이 끊어지지 않도록 축복하여 주시옵소서.

주님, 우리 어린이들은 아직 연약한 새싹이오니 주님의 손길로 보호하시고 참된 교육자들을 세워 바른길로 갈 수 있도록 인도하여 주시옵소서. 학교 깊숙이 들어온 세상의 악으로부터 우리의 아이들을 지켜 보호하여 주시옵소서. 특별히 그들의 부모를 하나님의 자녀로 삼아 하나님의 말씀으로 양육하게 하시며 말씀으로 하나가 되는 믿음의 가정이 되게 하여 주시옵소서.

　더욱이 치열한 경쟁 속에 살면서 가정이 파괴되고 가정폭력으로 인해 어린이들이 신음하고 있사오니 그들을 건져주시고 날개 그늘 아래 보호하여 주시옵소서. 바라옵기는 이 땅의 모든 가정 가정들이 한 상에 둘러앉아 주님을 찬양하며 오직 말씀으로 양육되기를 원합니다.

　이 땅의 어린이들을 사랑하시고 축복하시기를 좋아하시는 주님, 믿음의 가정마다 부모는 권위를 내세우지 않고, 자녀들은 부모님을 가볍게 여기지 않으며 오직 하나님 말씀으로 하나 되게 하여 주시옵소서.

　주님 바라옵기는, 우리의 아이들이 낙망할 때라도 십자가를 지시고 골고다 언덕을 올라가는 예수님을 바라보게 하시며, 요셉처럼 큰 꿈을 꾸며 험난한 세상을 헤쳐나가는 지혜와 용기를 더하여 주시옵소서.

　주님 어린이날에 우리 교회 주일학교를 되돌아보니 갈수록 아이들이 줄어들어 슬픕니다. 유치부에서 청년부에 이르기까지 와글와글, 시끌벅적한 가운데 찬송과 아멘이 끊이지 않게 하여 주시옵소서.

　주님, 어린이날을 맞아 '날아라 새들아 푸른 하늘을, 달려라 냇물아 넓은 벌판을' 이란 노래를 다시 불러봅니다. 이 땅의 어린이들이 티 없이 맑고 건강하게 자라도록 붙잡아 주시옵소서.

　어린이들을 특별히 사랑하시는 예수님의 이름으로 기도하옵나이다. 아멘.

채송화꽃을 보기 위해서는 〈현충일의 기도〉

　모든 만물을 창조하시고 우리 생사화복을 주관하는 하나님, 그 은혜를 생각할 때마다 감사와 찬송을 드리오니 영광 받으옵소서.
　오늘은 나라를 위해 싸우다 숨진 순국선열을 기리는 현충일입니다. 그들의 숭고한 희생이 헛되지 않도록 대한민국을 하나님의 공의로 지켜주시고 가족들을 위로하여 주시옵소서.
　주님, 이 현충일의 밤에 저희 믿는 자들은 오직 믿음을 지키기 위해 목숨까지 버리신 수많은 순교자들의 순종을 기억하며 눈물로 마음을 다잡습니다. 주님은 지금 순교자와 함께 계시지요? 지금 이 순간에도 사마리아 땅끝까지 하나님의 말씀을 전파하기 위해 피와 땀으로 헌신하는 선교사들과 그 가족들을 주님의 날개 그늘 아래 보호하여 주시옵소서.
　주님, 영적으로 어두운 이 나라에 선교사를 파송하시어 예수 믿게 하시고 우상과 미신을 타파하고 영적으로나 경제적으로 부흥시켜주시니 무한 감사드립니다.
　만복의 근원이신 하나님, 특별히 눈앞으로 다가온 6.12 북미회담을 통해 기필코 한반도에서 비핵화가 실현되게 하시고 저 북녘땅, 동양의 예루살렘이라고 했던 평양 땅에 하나님의 공의가 강물처럼 흐르고, 찬양 소리가 들꽃처럼 만발하게 하여주시옵소서.
　그리하여 금강산에서, 평양에서, 백두에서, 두만강에서 부모 형제가 다시 만나 혈육의 정을 나누게 하옵소서. 또 간구하옵기는 6.13지방선거에서 이 지역과 주민들을 위해 진심으로 헌신하고 봉사하려는 자들이 당선되기를 원합니다.

처음과 끝이 되신 주님, 이곳에 우리 교회를 세워주시고 지금까지 인도하여 주신 은혜에 감사드립니다. 또한 하나님을 기쁘시게, 사람을 행복하게 하는 교회로 많은 영혼을 구원하는 방주가 되게 하여 주시옵소서.

길이요, 진리요 생명이신 주님, 오늘 선포하시는 말씀을 통해 우리의 마음속에 기쁨의 생명수가 터지고 은혜의 강물이 넘치게 하옵소서. 그리하여 들나귀 같은 우리들이 말씀과 기도로 거듭나게 하시고 인생길에서 위기를 만났을 때에도 하나님의 말씀이 길이 되고 등불이 되게 하소서.

사랑의 주님, 우리가 주님의 자녀로서 주님을 향하여 마음을 다하고 뜻을 다하여 우리의 삶이 주안에서 아름답게 피어날 수 있도록 늘 동행하여 주시옵소서.

주님, 채송화 그 작은 꽃을 보기 위해서는 고개를 숙여야 하고 그 앞에 무릎을 꿇어야 꽃을 볼 수 있다는 시처럼, 저희들은 주님의 말씀 아래 무릎을 꿇음으로 하나님의 사랑을 보게 되기를 원합니다.

이 밤 만난을 극복하고 하나님의 전을 찾은 성도들 한 사람 한 사람을 기억하여 주시옵소서. 예수님 이름으로 기도하옵나이다. 아멘.

삶의 나침반 〈어느 추석날〉

　존귀하신 하나님 아버지, 가을 들판에 마지막 햇살을 주시어 알곡이 익어가게 하시고 과실마다 단맛이 스미게 하시니 감사합니다. 더욱이 저희들을 세상 가운데 버려두지 않으시고 오늘도 이 아름다운 성전으로 불러 하나님의 말씀을 듣게 하시니 감사, 감사합니다.
　주님, 저희들은 지난 주일 이곳에 모여 충성을 다짐했는데 세상 가운데 살면서 염치없게도 세상 눈치만 보고 살았습니다. 일흔 번씩 일곱 번이라도 용서하여 주신다는 말씀 붙잡고 염치없이 나왔습니다. 용서하여 주시고 이 시간 예수님의 순결한 피를 받는 영적 수혈의 시간이 되기를 원합니다.
　주님 내일 모레면 우리 민족의 대명절 추석입니다. 대한민국의 올 추석은 특별히 제사가 아니라 하나님에 대한 감사의 예배가 되게 하시며 많은 시간을 길에서 보내야 하는 민족대이동이 고통이 아니라 타향살이의 아픔을 치유하는 힐링의 축제가 되게 하여주시옵소서. 부질없는 세상의 질서에 얽매이지 아니하고 하나님의 날개 아래서 자유롭기를 간구합니다. 특별히 올 추석은 부모님과 이 나라를 선진국으로 만들기 위해 피땀을 흘리신 우리 어르신들을 생각하는 시간이 되기를 원합니다.
　부모가 늙어 음식을 흘리고 대소변을 가리지 못하더라도 어렸을 적 사랑으로 먹이고 입히셨던 날들을 기억하며 불평하지 않게 하시옵소서. 몸이 늙어서 말이 어눌하고 앞뒤가 맞지 않더라도 우리가 말을 배울 때 끝까지 들어주셨음을 잊지 않게 하시며, 혹시 기억력이 쇠퇴하여 했던 말을 반복하더라도 부모님은 열 번이라도 들어주셨음을 기억하게 하여 주시옵소서.

사랑의 주님. 가는 세월을 누가 막을 수 있겠습니까만 세월 따라 나이만 먹어가는 것이 아니라 살아온 세월만큼 넉넉한 지혜와 아량을 가진 어르신이 되기를 원합니다. 자기 생각을 고집하거나 더 이상 배울 것이 없다고 생각하는 노인이 아니라 새로운 것을 배우려고 노력하는 어르신이 되기를 원합니다. 간섭하고 지배하려는 노인이 아니라 여유를 가지고 지켜봐주고 덕담을 할 줄 아는 어르신이 되기를 원합니다. 대접받기를 좋아하는 노인이 아니라 베풀기를 좋아하는 어르신이 되기를 원합니다. 아이스크림을 들고 있는 어린이 앞에서 너무 길게 기도하는 눈치 없는 노인이 아니라 때와 장소를 헤아리는 눈치 있는 어르신이 되기 원합니다.

'풍요로운 인생은 사랑을 나누고 꿈을 버리지 않는 것'이라는 독일의 시성 괴테의 말처럼 살아가는 동안 내세에 대한 소망과 꿈을 갖게 하시고 나이가 들어갈수록 신앙이 굳건해지고 명상의 시간들이 많아지게 하옵소서.

오, 사랑하는 주님. 오늘 주신 말씀이 각자의 삶에 나침반이 되게 하시며 평생 예수님만 바라보고 살아온 길에 영광이 있게 하여 주시옵소서. 우리 교회의 아름다운 전통이 된 '백일 작정 기도회'가 영적 면역력을 키우는 기도의 축제가 되고 우리의 삶 자체가 예배가 되기를 간절히 원하옵니다.

우리 주 예수 그리스도 이름으로 기도하옵나이다. 아멘.

가을 기도

존귀하신 하나님 아버지, 또 한 번의 가을을 허락하시어 풍성한 은혜를 누리게 하시니 감사합니다. 특별히 이 거룩한 주일날, 세상 가운데 있지 아니하고 예배자로 남게 하시니 감사합니다. 코로나 속에서도 지켜주시고, 코로나를 이기게 하시고 강한 태풍과 폭우 속에서도 세상에 남겨두신 하나님의 뜻을 묵상하며, 이 자리에 있는 한 사람 한 사람이 하나님과 온전하게 이어지는 이음의 예배가 되기를 간절히 원합니다.

거룩하신 주님,

특별히 이 주간 평생의 신앙생활 가운데 내가 뿌린 전도의 씨앗들을 생각하며 깊이 회개합니다. 어느 집사님은 4년 동안 1500명을 전도했다 하는데, 이 부족한 사람은 앞문으로 왔다가 뒷문으로 나가버린 자가 부지기수입니다. 예수님께서도 가버나움이란 곳을 수없이 오가며 전도했는데 저희들은 한두 번 권하다가 놔 둬버린 영혼들이 너무도 많습니다. 전도하지 않은 큰 죄를 회개하기보다는 자잘한 것들만 회개한 것도 오늘 고백합니다. 주님 용서하여 주시오며 저희들의 심령에 전도의 불꽃을 피워주시옵소서.

거룩하신 주님, 지난 추석날 고향집 감나무 고목에서 감을 따면서 이제 몇 해가 지나면 감이 열리지 않을 것이란 생각이 들었습니다. 지금껏 아버지의 아버지가 심어놓은 감나무에서 해마다 아무 수고도 없이 감을 따 먹었는데 이 게으른 자의 자녀들과 손자 손녀들은 감 하나도 따먹을 수 없을 것을 생각하니 한없이 부끄러웠습니다.

주님, 그리하여 내년 봄에는 꼭 맛좋은 감나무 몇 그루를 심어 두겠습니다. 내가 그랬던 것처럼 아이들이 대를 이어가며 감을 따면서 아버지의 아버지를 생각하겠지요. 주님 저희는 누군가가 심어놓은 나무에서 감을 따 먹고 누군가의 손에 이끌리어 주님의 자녀가 되었는데 저희들이 한 일은 아무것도 없으니 민망하기 짝이 없습니다. 대한민국의 인구가 줄어드는 인구의 절벽은 걱정하면서도 주일학교 학생과 성도들이 줄어져 가는 크리스천의 절벽은 걱정조차 하지 않았음을 회개합니다.

다행히도 우리 교회는 창립 37주년을 맞아 교회와 세상을 잇고, 전도자와 새 신자를 잇고, 같은 교회를 섬기면서도 통성명도 하지 않고 지내온 성도들과 만나는 이음의 바자회, 전도축제를 준비하고 있습니다. 이 기회에 한 영혼이라도 구하는 떳떳한 전도자가 되기를 원합니다. 다윗이 하나님의 법궤를 되찾아 오던 그날, 덩실덩실 춤을 추었던 것처럼 성도들 모두가 그날 춤추는 예배자들이 되게 하여 주시옵소서.

불가능을 가능케하시며, 지쳐있을 때 쉬게 하시며, 앞이 캄캄할 때 너의 발을 인도하리라 하시고, 내가 힘들어 헤쳐나갈 수 없을 때 네 모든 필요를 채우시마 하신 주님, 걱정하며 좌절할 때 너의 염려를 내게 맡기라 하시며 내가 외로워할 때 내가 너를 떠나지도 버리지도 아니하리라 하신 우리 주 예수 그리스도의 이름으로 기도하옵나이다. 아멘.

12월의 기도

할렐루야, 2019년 전 이땅에 오신 아기예수님을 경배합니다. 송축합니다.

'너희는 이 세대를 본받지 말고 오직 마음을 새롭게 함으로 변화를 받아 하나님의 선하시고 기뻐하시고 온전하신 뜻이 무엇인지 분별하도록 하라'고 하신 주님, 그러나 지난 한 해를 돌아보니 올해도 이 세대 속에 적당히 섞이어 왔음을 고백하오니 용서하여 주시옵소서.

거룩하신 주님, 2019년 송구영신 예배를 드린 것이 엊그제 같은데 벌써 12월의 중간에 와 있습니다. 멀리서 크리스마스 캐럴이 들려오고 세상의 교회들은 크리스마스트리를 세워 주님 오심을 축하합니다.

주님, 언제 오시렵니까? 올해도 그냥 지나가시렵니까? 오셔서 불쌍한 자들의 손을 잡아 주시옵소서. 주님 저희들이 드릴 말씀이 있습니다. 올 한해 주님께 자랑할 말씀도 있고 김집사네 딱한 얘기도 전해 드려야 하는데 언제 오시렵니까?

주님, 우리 교회로 오십시오. 하나님의 말씀을 왜곡하는 교회에는 가지 마시고 하나님의 마음으로 세상을 품는 우리 교회로 오십시오. 왕으로 오십시오.

거룩하신 주님, 그러나 한편으로는 겁이 납니다. 오랫동안 주님을 섬겼고 성경을 몇 번을 읽었으며 십일조와 감사헌금도 꼬박꼬박 드렸고 봉사하는 일도 열심히 했지만, 그것만으로 당신을 만날 수 있는 것이 아니기에 두렵습니다. 어설픈 공로의식에 사로잡혀 있는 자들을 불쌍히 여겨주시옵소서. 이 시간 우리 모두가 아무 공로 없음을 고백하고 오직 예수님의 이름에 의지할 때 하나님께 나아갈 수 있음을 깨닫게 되기를 원합니다.

거룩하신 주님, 잘 산다는 것이 부자로 사는 것이 아니라 하나님의 날개 그늘 아래 사는 것임을 깨닫게 하시고 잘살지 못한다는 것이 가난한 삶이 아니라 주님을 모르는 삶임을 알게 하시옵소서. 행복의 비결은 좋은 것을 손에 넣는 것이 아니라 포기할 것을 확실히 아는 것임을 깨닫게 하시옵소서.

오늘 오후 찬양예배는 은퇴예식을 갖습니다. 네 분의 장로님과 세 분의 집사님, 두 분의 권사님들은 주님의 아름다운 동행자들이오니 은퇴 이후의 삶도 주님 책임져 주시옵소서.

거룩하신 주님,

기도는 온몸으로 피어올린 꽃송이요 찬송은 하나님께 드리는 거룩한 헌화이기에, 지난 1년 동안 주일마다 감동과 감화의 찬송으로 하나님께 영광을 올린 찬양대의 수고를 기억하여 주시옵소서. 새해에는 오직 마음을 새롭게 함으로 변화를 받아 하나님의 온전한 뜻이 무엇인지 분별하게 하시옵소서.

우리의 등 뒤에서 우리를 구원하신 우리 주 예수 그리스도 이름으로 기도하옵나이다. 아멘.

크리마스 캐럴

거룩하신 주님,

할 일도 많고 해야 할 일도 많은데 우왕좌왕하다가 또 한해를 보내게 되었습니다. 새해의 다짐이 물거품이 된 것 같아 무척 가슴이 아프고 하나님께 죄송합니다.

사랑의 주님, 이틀 후면 우리 주님이 세상에 오신 기쁜 성탄절입니다. 해마다 이맘때면 골목마다 거리마다 '흰 눈 사이로 썰매를 타고, 징글벨 징글벨' 울려 퍼졌던 캐럴송이 언제부턴가 사라져버린 지금 우리들의 겨울은 쓸쓸합니다.

주님, 우리 주님 세상에 오신 성탄을 축하하는 캐럴송이 어찌 소음일 수 있으며 캐럴송의 원작자는 우리 주님이 아니시던가요? 거리마다, 골목마다 캐럴송이 흰 눈처럼 펑펑 쏟아지는 날이 하루속히 오기를 기도합니다.

캐럴송이 사라져 쓸쓸한 주님을 위해 우리 교회 찬양대가 헨델의 메시아를 준비했습니다. 주님 홀로 영광 받아 주시옵소서.

저희들은 특별히 가진 것도 없고, 타고난 소질도 부족하지만 오직 순종의 마음 하나로 지난 1년 찬양의 자리에 서 있었습니다. 주님을 찬양하는 대원들을 위로해주시고 지휘자로, 반주자로, 성가대장으로 수고한 주님의 일꾼들은 특별히 큰 생명책에 기록하여 주시옵소서.

사랑의 주님, 지난 1년을 뒤돌아보니 고단한 사람들에게 우리의 짐을 맡기고 우리는 편하게 산을 내려온 것은 아닌지, 하나님의 이름이 거룩히 여김 받기보다 내 이름이 빛나기를 바란 것은 아닌지, 일용할 양식도 죽을 때까지 먹고 남을 만큼 원하고 있는 것은 아닌지 이 시간 회개하오니 용서하여 주시옵소서.

우리를 치료하시고 가르치시며 함께 하시는 임마누엘의 주님, 거룩한 성탄을 보내며 주님 다시 오실 그날을 사모합니다.

마라나타, 주님 어서 오시옵소서. 우리 주 예수 그리스도의 이름으로 기도합니다. 아멘.

부름받아 사는 삶 〈성탄절 기도〉

Merry Christmas! Happy Birthday to You,

사랑하는 예수님, 생일을 진심으로 축하합니다. 주님께서는 얼마나 위대하시기에 세상의 모든 사람들이 이 땅에 오심을 기뻐하고 세계적 명절로 지키는 것일까요? 주님을 잘 모르는 일본과 중국 땅에도 크리스마스트리가 반짝이고 루돌프 사슴이 마차를 끄는 것을 보았습니다.

주님, 추운 겨울날 마구간에서 태어나신 것은 저희들의 차가운 손과 마음을 녹여주시기 위함이요, 지극히 낮은 곳에서 겸손을 배우라는 뜻이지요? 주님, 2,000여 년 전, 밤길을 걸어 별이 멈추던 그곳, 베들레헴을 찾았던 목자들처럼, 오늘 저희 모두는 일손을 멈추고 주님 앞에 엎드려 경배하오니 저희들의 예배를 받아주시고 지난 1년 동안 알게 모르게 지은 죄 이 시간 몽땅 사하여 주시옵소서.

2023년도 이제 며칠밖에 남지 않았습니다. 지난 1년을 되돌아보니 부름 받은 삶이 아니라 쫓아가고 쫓겨 가는 삶이었음을 고백합니다. 돈과 명예와 세상의 행복을 찾아 참으로 분주하게 살았습니다. 2024년 새해에는 쫓겨 가는 삶이 아니라 부름 받아 살아가는 한해가 되도록 단단히 붙잡아 주시옵소서.

거룩하신 주님,

저희들은 연약한 자이오나 주님이 우리의 창조자이심을 확실히 믿습니다. 저희의 심판자이심도 확실히 믿습니다. 저희를 불쌍히 여기시고 지옥에서 건져주실 구원자이심도 확실히 믿습니다. 그러나 이 믿음 또한 하나님이 그냥 주신 선물이라는 것도 믿습니다.

거룩하신 주님, 오늘 아침 창문을 열어보니 세찬 겨울바람이 확 들어왔습니다. 창문을 열면 바람이 들어오고 마음을 열면 행복이 들어온다고 하니 새해에는 우리 모두 마음의 문을 열고 먼저 손을 내미는 겸손한 자, 따스한 말과 사랑으로 감싸주는 위로자가 되게 하여 주시옵소서.

이 지구상에 있는 많은 나라 가운데는 눈을 볼 수 없는 나라가 3분의 1이나 된다고 하는데 저희는 꽃도 보고 눈도 보게 하시니 감사합니다. 그러나 저희가 눈길을 걸을 때 내 발자국이 뒤따라오는 자의 이정표가 될 수 있음을 알게 하시고 어지럽게 걷지 않고 주님 가신 발자국 따라 그 길만 걷게 하여 주시옵소서.

주님께서는 마지막 날에 세상을 심판하고 구원을 완성하시기 위해 인간적, 육체적, 가시적 모습으로 오신다고 했는데 만에 하나 그날이 내일 아침 크리스마스 날이라면 주님 저희들은 어찌합니까?

이 시간, 온전히 주님 홀로 영광을 받으시옵소서. Merry Christmas! Happy Birthday to You, 가장 낮은 곳으로 오셔서 가장 높은 곳에 계신 우리 주 예수 그리스도의 이름으로 기도하옵나이다. 아멘.

세밑기도

할렐루야, 2019년 12월의 끝자락 마지막 주일날 이 자리에 서 있는 것은 전적으로 하나님의 은혜임을 고백하오며 찬양과 영광과 감사를 드립니다.

'내 이름으로 일컫는 내 백성이 그들의 악한 길에서 떠나 스스로 낮추고 기도하여 내 얼굴을 찾으면 내가 하늘에서 듣고 그들의 죄를 사하고 그들의 땅을 고칠지라' 아멘.

2019년 한해도 이틀밖에 남지 않았습니다. 기해년 한 해를 돌아보니 많은 사람을 떠나보냈고 많은 사람을 잊어버리고 살았습니다. 하나님께로 인도한 사람, 지혜를 주었던 선생님, 알게 모르게 도움을 주었던 많은 사람을 잊고 바둥바둥 살았습니다.

거룩하신 주님, 새해에는 고마운 사람들을 잊지 않고 살아가게 하시며 가능하면 내가 누군가의 친구가 되어주고 인생길을 함께 걷는 길동무가 되기를 원합니다. 하나님께서 저희에게 요구하신 첫 번째 명령이 거룩함인데 세속적이고 부패한 것들을 구별하지 못하였음을 고백합니다. 분당의 어느 교회에서는 엊그제 크리스마스 때 1,600개 농어촌교회 어린이들에게 선물 보따리를 보내고 거룩한 성탄절을 보냈는데 우리는 우리 곁의 농촌교회에 눈길조차 주지 못하고 우리끼리 맛있는 떡국만 배불리 먹었음을 고백합니다.

용서하라고 하신 주님, 돌아보니 올해도 용서하기보다 분노하는 삶이었습니다. 내가 베푼 것에 대해 고마워할 줄 모르는 사람들, 심지어 자녀들에게까지 분노한 적이 있으며 솔직히 속마음을 모르는 부모 형제마저도 섭섭하게 생각한 적이 있습니다. 이틀 안에 모두 용서하고 내가 먼저 손 내밀기를 간절히 원합니다.

내가 준 것은 기억하지 말고 받은 것만 기억하게 하시며, 없는 것을 탐하기보다 지금 있는 것을 사랑하게 하시옵소서. 또 지난 한 해를 되돌아보니 이해하기보다 비판했고 덮어주기보다 들춰내려 했으며 싸매주기보다 아픈 데를 건드려 상처를 주었습니다. 새해에는 누군가의 버팀목이 되기 위해 스스로 아래로 내려가 서 있는 under stand의 자세로 살아가게 하옵소서.

거룩하신 주님, 경자년 새해가 씩씩한 용사의 발걸음처럼 다가옵니다. 분열과 갈등의 시대를 넘어 화합과 통합의 해가 되게 하시며 국가의 대사인 4.10 총선을 통해 우둔한 자들은 모두 집으로 돌려보내고 그야말로 선량들이 뽑혀서 우리에게 주어진 재생의 마지막 기회를 놓치지 않게 하여 주시옵소서.

지난 1년 하나님의 나라를 확장하기 위해 세계 도처에서 수고한 선교사님들, 그리고 이 땅의 어른들을 위해서, 어린이들을 위해서, 가난하고 병든 자들을 위해 수고한 자들의 손을 어루만져 주시옵소서.

새해에는 악한 길에서 떠나 스스로 낮추고 기도하여 하나님의 얼굴을 찾는 백성들이 되기를 원하오며 우리 주 예수 그리스도 이름으로 기도하옵나이다. 아멘.

신앙의 중앙선 〈섣달 그믐날〉

우리의 영원한 주인이신 주님, 오늘까지 남겨 두셔서 섣달 그믐날을 아름다운 성전에서 맞게 하시니 감사합니다. 죄 많은 저희들을 용서하시고 남겨 두신 것은 아직 저희들이 해야 할 하나님의 특별한 사명이 있기 때문이라 믿습니다. 수년 동안 수 많은 날들을 주셨음에도 아직도 깨닫지 못하는 어리석음을 용서하여 주시옵소서.

오늘은 2015년 을미년의 마지막 날이자 어제 세상을 떠난 이가 그토록 만나고자 했던 귀한 날입니다. 내일은 민족의 대명절 설입니다. 올 설에는 먼저 화해와 용서가 있게 하여 주시옵소서. 혹여라도 부모자식 간에, 형제자매간에 불효와 불화가 있었다면 하나님의 자녀 된 자들이 먼저 손 내밀어 보듬는 마음을 허락하여 주시옵소서. 부모님이 세상에 계시든, 계시지 않든지 한 번이라도 부모님을 부끄럽게 생각한 자식이 있다면 통곡의 회개가 있게 하시고 지금 곁에 계신다면 가녀린 손잡고 체온을 나누게 하여 주시옵소서. 건조한 핸드폰 문자가 아니라 목소리를 들려주게 하시옵소서.

하나님이 시내산에서 모세에게 주신 사람을 향한 첫 계명인 '네 부모를 공경하라'는 명령을 다시 한 번 마음깊이 새기게 하여 주시옵소서. 내 어머니가 문둥이라 하더라도 크레오파트라와 바꿀 수 없다는 어느 시인의 고백처럼, 아버지 야곱을 지극히 사랑했던 요셉처럼, 부모를 공경하고 형제를 사랑하는 사랑의 사람이 되게 하여 주시옵소서.

　교회를 위하여 기도합니다. 우리 교회가 영원히 하나님의 집이며 우리들의 안식처이기를 기도합니나. 우리 교회가 많은 무리들을 평안으로 인도하는 고향이며 어머니의 품이 되기를 기도합니다. 믿지 아니하는 자들, 버려진 자들을 싣고 천국으로 향하는 구원의 방주로 삼아주시옵소서. 하나님의 방향으로 노 저어가는 뱃사람이 되게 하여 주시옵소서.

　사랑의 주님, 설날을 맞아 민족의 대이동이 시작되었습니다. 오가는 길을 지켜주시고 특별히 올 설에는 전국에서 귀향한 믿음의 형제들이 고향교회에 모여 우렁찬 찬송을 부르게 하옵시며 학창시절의 추억이 서린 언덕 위의 하얀 집, 고향교회의 부흥에도 관심을 갖게 하여 주시옵소서. 그리하여 다음 주일날은 고향교회 이야기가 꽃피게 하시고 가족은 일 년에 몇 차례 만나지만 성도들은 수십 차례 만나는 가족보다 더 가까운 가족임을 깨닫게 하여주시옵소서.

　주님, 설날을 앞두고 북한이 네 번째 미사일을 발사하여 지구촌에 또 한 번의 충격을 주고 있습니다. 전쟁은 하나님께 속한 것이나 수많은 외침과 전쟁으로 상처를 입은 우리 민족이 다시는 동족상잔의 비극을 겪지 않도록 하나님의 특별한 사랑을 구하옵나이다.

　주님, 앞으로 세상을 살아가면서, 신앙생활을 하면서 절대로 넘어서는 안 되는 중앙선은 침범하지 않도록 깨워 주시고 손해가 되는 것은 참되, 사리에 맞지 않은 일에는 일어설 줄도 아는 용기도 주시옵소서. 이 모든 말씀 우리 주 예수 그리스도 이름으로 기도하옵나이다. 아멘.

내겐 너무 과분한 사람 〈송구영신 예배〉

처음과 끝이 되시는 주님. 지나간 시간을 뒤돌아보며 주님 안에서 한 해를 마무리하게 하시고 정결한 마음으로 새해를 맞게 하시니 감사합니다. 다시 오지 않을 2022년을 보내고 이제 몇 시간이 지나면 새해의 밝은 해가 떠오르게 될 이 경건한 순간에 우리 모두 찬양의 옷으로 갈아입고 주님 앞에 섰습니다.

'무릇 시온에서 슬퍼하는 자에게 화관을 주어 그 재를 대신하며 기쁨의 기름으로 그 슬픔을 대신하며, 찬양의 옷으로 슬픔을 대신하여 주신다'고 하였사오니 이 곳에 임재하시여 각자 각자의 첫 기도를 들어주시옵소서.

주님, 꼭 1년 전 오늘, 저희들은 이 자리에 모여 한해를 뒤돌아보고 회개하면서 새해에는 이렇게, 이렇게 살겠노라고 다짐했는데 돌아보니 지키지 못 할 약속이었습니다. 주님, 하늘을 바라보기보다 땅 위의 것들에 집착하였으며 무릎이 아프도록 꿇어 기도하지 않았습니다. 용서하여 주시옵소서.

거룩하신 주님. 지난 한 해 동안 지구촌 곳곳에서는 전쟁과 질병과 홍수와 화마가 끊이지 않았고 국내에서도 이태원 참사를 비롯하여 서로 사랑하기보다는 미워하고 대적하는 일들이 많았습니다. 하나님이 보시기에 얼마나 마음 아프실까를 생각하니 가슴이 먹먹해 옵니다.

주님, 새해에는 저희들 각자 각자가 스스로를 좀 더 자세히 들여다보는 한 해가 되기를 원합니다. 돌아보니 내가 만난 사람들이 내겐 너무도 과분한 사람들었습니다. 함께 살아가고 있는 남편과 아내가 나에게는 과분한 사람이었고, 하나님이 주신 자녀들도 과분했으며 교회에서 만난 성도님들도 내게는 너무도 과분한 사람들이었는데도 그렇게 생각하지 않음으로 교만과 이기심이 춤추는 어리석음을 범하고 말았습니다.

주님, 제 안에 주님의 빛이 있습니까? 주님, 제 안에 주님의 향기가 있습니까?

새해에는 물처럼 여리고 부드럽게 살기를 원합니다. 높은 곳으로, 높은 곳으로 오르기보다는 아래로, 아래로 내려가면서 어렵고 힘든 사람들을 어루만지며 위로하고, 더러는 두 손 잡아 함께 길을 걷는 따스한 사람이 되기를 간구합니다. 사랑을 구하는 자보다 사랑을 베푸는 자가 되게 하시고, 용서를 구하는 자보다 용서해주는 심령, 심령이 되게 하옵소서.

물이 바다를 덮음같이, 여호와의 영광이 이 세상 가득하기를 간절히 원합니다. 우리 교회가 성을 쌓는 교회가 아니라 길을 닦는 교회가 되게 하시며 말씀으로 하나 되는 한 해가 되기를 간절히 소망합니다.

주님, 이 시간, 어두운 기억들을 지우고자 합니다. 희망의 스위치를 다시 켜고 2023년을 향해 나아갑니다. 성도들의 아픔과 시련과 상처를 치유하여 주시고 올해 응답받지 못한 기도가 있다면 꼭 응답받게 하시옵소서.

11시 00분, 성전에 모인 모두는 찬양의 옷깃을 다시 여미고 2023년 새해의 문을 나섭니다. 한없이 두렵고 떨리는 심정이오니 주님 동행하여 주시고 손잡아 주시고 용기를 주시옵소서. 세상 만민이 구원을 얻기까지 쉬지 않고 일하시는 예수님의 이름으로 기도하옵나이다. 아멘.

비상구가 되어주시는 주님 〈당회 기도문〉

거룩하신 주님,

주님이 뜻하시는 일이 아닌데 '코로나19'로 인하여 온 지구촌이 환란 가운데 있습니다. 이 환란의 길에서 벗어나게 하시는 분은 오직 하나님 한 분임을 믿습니다. 그러나 한편으로는 이번 환란을 통해 우리 주님을 더 사모하게 하시고 성전과 성도들을 더 많이 사랑하게 하시니 이 또한 주님의 은혜입니다.

거룩하신 주님,

주님께서는 저희들을 기름 부어 세우실 때 좋은 포도송이가 되기를 원하셨지만 들판의 포도밖에 되지 못했음을 고백하오며 용서를 구합니다.

장로의 기도는, 장로가 부르는 찬송은, 장로가 성경을 읽는 소리는 어딘가 모르게 영적 힘이 있어야 하는데 삶이 뒤따르지 못했음도 고백합니다.

오늘 귀한 당회로 모였습니다. 당회에서 나오는 발언들이 정제되고 중언부언하지 않으며 주어와 술어가 뒤바뀌어 혼란스럽지 않도록 당회원들의 입술을 붙들어 주시옵소서.

오늘 상정되는 의안들이 상식을 넘어 주님의 원하시는 방향과 선한 방법으로 처리되게 하시며 회의를 이끄시는 당회장님께 지혜를 주시옵소서.

무소식이 희소식이고 침묵이 금이라고 하지만, 무소식과 침묵을 넘어

만날 수 없는 성도들에게 전화로라도 안부를 묻는 그런 장로가 되기를 간절히 소망합니다.

비상구가 없어 허덕이는 이 아비규환의 혼란 속에서도 언제나 우리의 비상구가 되어주시는 예수 그리스도의 이름으로 기도하옵나이다. 아멘.

교회의 중심, 가정의 중심 〈남선교회〉

사랑의 주님 감사합니다.

온 천지를 결실의 향기로 가득하게 하시고 아름다운 가을을 허락하신 주님 감사합니다. 더욱이 하나님께서 사랑하시는 우리 교회 집사회가 이 아름다운 선운산 자락에서 친교하는 오늘, 좋은 날씨를 허락하시고 여러 가지 제약에서 자유케 하시니 감사합니다.

주님, 이곳 선운산 자락은 미당 서정주 시인이 가을 국화꽃을 누님 같은 꽃이라 불렀고 눈 속에 피는 겨울 동백꽃을 노래했던 곳입니다. 우리가 꽃향기를 맡기 위해 꽃 가까이 다가서야 하는 것처럼, 주님 당신의 곁에서 향기를 맡게 하여 주시옵소서, 발을 가린 옷자락을 만지게 하여 주시옵소서. 이 더러운 손들을 깨끗이 씻어 주시옵소서.

사랑의 주님, 초대 교회의 큰 별이었던 스데반 집사를 기억하게 하여 주시옵소서. 순교의 순간에 하나님의 우편에 앉아 계시던 예수님을 보았던 스데반 집사의 믿음과 용기와 지혜를 저희에게도 허락하여 주시옵소서.

사랑의 주님, 집사회가 가정의 중심이요, 교회의 중심이 되기를 원합니다. 이 험난한 세상에서 좋은 남편, 좋은 아버지가 되게 하시고, 교회 성장의 중심에서 그 일들을 감당하게 하여 주시옵소서. 함께 하신 가족들과 협력하여 선을 이루게 하여 주시옵소서.

주님, 눈이 부시게 푸르른 날은 그리운 사람들을 그리워하게 하시고 이 세상에서 사는 동안 다시 만나는 축복도 허락하여 주시옵소서.

　오늘 이 행사를 준비하느라 수고한 손길들이 있습니다. 특별히 사랑하여 주시고 돌아가는 그 시간까지 하나님의 품안에 있기를 원합니다. 저 국화꽃 속에서 하나님의 향기를 맡게 하여 주시옵소서.

　우리 교회 안수집사회를 특별히 사랑하시는 우리 주 예수 그리스도 이름 받들어 기도하옵나이다. 아멘.

한사람 뒤에 오는 1천 명 〈남선교회 기도문〉

주님 감사합니다. 휘몰아치는 파도 위에서 찬양할 수 있느냐고 물으셨던 주님. 대지진과 쓰나미 속에서도 주님 찬양하기를 원합니다. 말세지말의 여러 징후들이 나타나고 있는 이때 믿음을 선물로 주시고 자녀 삼아주시니 무한 감사합니다.

주님 오늘밤 남선교회 헌신예배를 드립니다. 이들이 가정의 중심이요, 교회의 중심이요, 사회의 중심으로 바로 설 수 있도록 지켜주시고 일으켜 세워 주시옵소서.

주님, 청년의 때에 창조주를 알게 하시고 중년의 때에 데려가지 아니하시고, 노년의 때에 사랑하는 자녀, 사랑하는 성도들과 함께 하게 하시니 감사합니다. 어제 한 일과 오늘 한 일이 같고 낮에 드린 예배와 밤에 드리는 예배가 같다고 하여도 그 속에 기쁨이 있음을 깨닫게 하여 주시옵소서.

사랑의 주님, 일본 대재앙의 충격 속에서 이 밤 어느 소방관의 기도를 생각합니다. 불길에 싸여 있을 때 한 생명이라도 구하게 하시고 어린아이와 노인을 먼저 구하게 하시고, 신의 뜻에 따라 목숨을 잃게 되면 아내와 가족을 돌보아 주시라고 간절히 기도했던 소방관의 기도가 그 사람만이겠습니까. 이 땅의 모든 아내들이 남편들의 기도를 잊지 않게 하여 주시옵소서.

주님 우리 교회가 이제 30년을 향해 나아가면서 커다란 비전을 갖게 하시니 감사합니다. '7.7운동'을 넘어 1천명 세례를 허락하시고 광주성시화의 중심이 되도록 축복하여 주시옵소서.

주님, 오늘 교회에 처음 나온 한 사람을 귀히 여기는 교회가 되게 하시옵소서. 한 사람을 보는 것이 아니라 그 사람이 뒤에 따라 오는 1천명을 생각하게 하여 주시옵소서. 전도가 너무 쉬어요라고 말했던 손현보 목사님이 100배의 성장을 이뤘다면 우리 교회는 1천배의 성장을 허락하여 주시옵소서. 믿음의 사람에게는 한계가 없음을 믿게 하여 주시옵소서.

이를 위해 기도하시는 담임목사님을 특별히 붙들어주시고 능력 주시옵소서. 낮은 곳에서 수고하시는 부교역자들과 우리 교회 장로님들을 생명의 책에 기록하여 주시고, 이 자리에 나오지 못한 형제도 기억하시되, 지금 이 자리에 나온 형제를 더 많이 축복하여 주시옵소서.

사랑의 주님, 우리들의 기도가 메아리가 되게 하지 마옵시고 바로바로 통하는 소통의 기도가 되게 하여 주시옵소서. 이 모든 말씀을 우리의 영원한 주인이신 우리 주 예수 그리스도 이름 받들어 기도하옵나이다. 아멘.

부끄러운 아버지 〈아버지학교 수료자 헌신예배〉

거룩하신 하나님 아버지,

한없이 부족하고 나약한 아버지들이 회개의 마음으로 오늘 헌신예배를 드리오니 주님 용서해주시고 늦게나마 이 예배를 통해 홀로 영광을 받으시옵소서.

주님 저희들은 준비가 덜 된 상태에서 아버지가 되었고 그로 인해 자녀들과 가족들에게 많은 상처를 입혔습니다. 아버지는 자녀들에게 삶의 원천이자 지표요, 자부심이자 미래를 보장해주는 존재라고 하는데 저희는 권위만을 앞세웠습니다.

늦게나마 아버지 학교를 통해 아버지로서의 삶이 많이 부족했고 자녀들에게 너무 많은 상처를 주었음을 고백합니다. 아버지의 사랑을 제대로 받지 못한 저희들의 자녀들을 주님 위로해 주시옵소서.

아내들에게도 할 말이 없습니다, 남자라는 이유만으로 군림했고 억압했으며 함부로 하였습니다. 저희들의 아내들도 우리 주님 따스한 손길로 대신 어루만져 주시옵소서.

주님, 이 땅의 어떤 남편은 아내의 아름다운 손 한번 잡아보고 싶다는 간절함으로 아우슈비츠 수용소 생활을 견디었고, 어떤 남편은 죽어가는 아내의 손에서 반지를 빼내 자신의 손에 끼우면서 따스한 체온을 잊지 않겠다고 했다는데, 주님 저희들은 무엇으로 아내들을 위로해야 합니까?

거룩하신 주님

저희들은 날마다 '하늘에 계신 우리 아버지'라고 부르면서 세상에 빠져 있었고, '우리'라고 하면서 나 혼자 잘 사는 것을 꿈꾸었고, '아버지의 이름' 대신 제 이름을 빛내기를 원했고, '아버지의 나라'가 아니라 물질 만능의 나라를 원했습니다.

'아버지의 뜻'을 말하면서 내 뜻대로 이루어지기를 원했고 일용할 양식도 죽을 때까지 먹고 남을 만큼 원했습니다. 용서를 말하면서 누군가에게 앙심을 품었고, '악에서 구하소서.' 하면서 양심의 소리를 듣지 않고 살아왔으며 '아멘'이라고 하면서 진정한 나의 기도를 바꾸지 않았습니다.

주님 이 헌신 예배를 통해 기도가 바뀌고 삶이 바뀌게 하시옵소서. 기도하는 손, 전도하는 발, 찬양하는 입술이 되게 하시고 눈에 보이지는 않지만 등 뒤에 서계시는 아버지를 느끼는 자들이 되기를 원합니다.

우리들의 순종이, 기도가, 영혼이 99도에서 멈추지 않고 100도까지 차고 올라 새로운 모습으로 거듭나게 하시옵소서. 오늘 아버지학교 83기를 개설해 수고한 스텝들과 우리 교회의 오래된 자랑인 남자성가대를 축복하여 주시옵소서.

우리에게 아버지의 자리를 허락하신 우리 주 예수 그리스도 이름으로 기도하옵나이다. 아멘.

사명의 깃발 〈집사와 권사, 장로를 위한 기도문〉

주님, 이제 가을의 시작입니다. 논과 밭에 씨를 뿌린 농부들은 뿌린 대로 거둘 터인데 지난 봄과 여름, 우리는 불충과 게으름으로 살았으니 무엇을 거둘 것인지 심히 두렵고 불안합니다. 주님. 용서하여 주시옵소서.

집사라는 직분이 그렇게 중요한 줄 몰랐습니다. 주님을 따르고 시중드는 자요, 종이라는 사실을 잊었습니다. 근엄해야 하고 한 입으로 두말을 하지 않으며 술을 먹거나 부정한 이득을 탐하지 않아야 한다는 것도 잊고 살았습니다. 스데반 집사는 돌에 맞아 죽으면서도 하나님을 증거했는데 저희는 그 거룩한 직분을 너무 쉽게 생각했습니다.

주님, 권사라는 직분이 그렇게 위대한 것임을 몰랐습니다. 하나님의 거룩한 신부요 교회의 어머니로서 환란 당하는 자들과 믿음이 연약한 자들을 돌보아 권면하는 자이자 죽으면 죽으리라는 각오로 하만 앞에 나갔던 에스더의 믿음으로 살아야 한다는 것을 몰랐습니다. 바울이 고린도 교회 여자들에게 교회에서 잠잠하라고 했던 것을 잊고 살았던 적이 많습니다.

주님 장로라는 직분이 이스라엘 이전부터 있어 온 어마어마한 자리로 교회의 지도자요, 판관이요 봉사자라는 사실을 너무 소홀히 여겼습니다, 집사와 권사와 장로들이 모두 건성으로 하나님을 섬긴 것은 아닌지 이 시간 크게 반성하면서 주님의 용서를 구하옵나이다.

거룩하신 주님, 오늘까지만 세상일을 하고 내일부터는 하나님의 일을 하겠다고 다짐해온 세월이 무릇 얼마입니까? 청년의 때를 지나 중년을 거쳐 노년으로 향하는 지금의 시점에서도 자꾸만 하나님의 일을 미루는 이 어리석은 자들을 어찌해야 합니까? 우리 교회 성도들에게 내일부터가 아니라 지금 당장 사명의 깃발을 들고 나아가겠다는 결심의 마음을 주시옵소서.

주님, 오늘 선포되는 말씀을 통해 우리의 생각이 바뀌고 행동이 바뀌며 기도가 바뀌는 성령의 폭포수, 성령의 거룩한 물결이 되기를 간절히 원합니다.

지금 이 시간 세계 도처에서 하나님의 말씀을 전하는 선교사들과 하나님을 찬양하는 이 땅의 모든 성가대를 축복하여 주시옵소서.

우리의 등 뒤에서 우리를 도우시는 우리 주 예수 그리스도 이름으로 기도하옵나이다. 아멘.

상견례 기도문

하나님 아버지 감사합니다.

저희들의 모든 기도를 들어주신 주님, 오늘은 특별히 좋은 믿음의 가정끼리 새로운 인연을 맺게 하시고 좋은 음식을 나누게 하시니 감사합니다.

특별히 건강하고 성실한 신랑을 배필로 준비해 두셨다가 자녀들과 만나 하나님의 거룩한 천국모형인 가정을 꾸밀 수 있도록 준비하신 기묘자 하나님을 찬양합니다.

이제 이 자녀들이 부모의 품을 떠나 새 가정을 꾸려나갈 때 축복하여 주옵시고 복의 근원이 되게 하시고, 야곱의 샘 곁에 선 나무가 되게 하옵소서. 시냇가에 심기운 나무가 되어 좋은 열매 맺으며 자신들의 삶을 행복하게 영위하며 이웃에게도 하나님의 사랑을 전하면서 살아가도록 복에 복을 더하여 주옵소서.

두 가정의 문화와 삶의 방식, 생활습관이 서로 다름을 인정하고 그 가운데 조화를 이루어내어 아름다운 가정을 꾸리는데 조금도 부족함이 없도록 지혜를 주시옵소서.

자녀들을 통하여 맺어진 두 가정이 서로 친한 이웃이자 신앙의 동역자로 살게 하시고 자녀들의 앞길에 격려와 용기를 줄 수 있는 좋은 마음을 가지게 하여 주시옵소서.

예수 그리스도의 이름으로 기도하옵나이다. 아멘.

떡으로만 사는 것이 아니요 〈식사 기도〉

주님, 날마다 일용할 음식을 주시니 감사합니다. 오늘 이 식탁에 앉는 모든 이들이 하나님께서 주신 음식을 먹고 마심으로 육신이 건강해지고 은혜가 풍성한 삶을 살게 하여 주시옵소서. 특별히 이 음식이 준비될 때까지 땀 흘린 자들의 수고를 기억하게 하시며 이 음식을 먹고 힘을 얻어 주님의 영광을 위해 살게 하옵소서.

오늘 이 자리는 어머니가 자녀들을 위하여 정성껏 준비한 식탁이오니 주님 여기에 임하여 축사하여 주시고 그 수고의 손길도 어루만져 주시옵소서.

그러나 사람이 떡으로만 사는 것이 아니요, 말씀으로 산다고 하였사오니 영혼의 양식인 하나님의 말씀도 일용하게 하시옵소서.

주님의 얼굴을 비추사 우리 가정에 은혜와 평강의 복을 주시며 저희 식구 모두가 평생을 에녹같이 주님의 영광을 위해 살게 하옵소서. 이 자리에 함께 하지 못한 자녀들도 있사오니 주님의 날개 그늘 아래 보호하여 주시옵소서.

음식을 먹고 마실 때마다 주님의 은혜에 감사하오며 예수 그리스도의 이름으로 기도드립니다. 아멘.

찬양은 거룩한 헌화

거룩하신 주님

온 산야가 당신이 만드신 꽃과 단풍으로 가득합니다. 참 아름답습니다. 이 아름다운 꽃과 단풍이 그냥 만들어지는 것이 아니라 온몸을 짜내어 피워올린 눈물겨운 결실임을 생각할 때 우리는 이 가을에 무엇을 결실할 것인지 참으로 부끄럽습니다.

거룩하신 하나님 아버지

이 세상을 살아가면서 잘 가꿔진 꽃밭이나 단풍나무숲을 찾아 이리저리 떠도는 자들이 아니라 집 앞에 작은 꽃씨를 뿌려 가꾸는 자들이 되고 행복을 찾아 헤매는 자가 아니라 행복을 만들어 나누는 자들이 되기를 원합니다.

기도가 온몸으로 피워 올린 꽃이라면 찬송은 하나님께 드리는 거룩한 헌화이기에 오늘 이 세상에서 가장 아름다운 꽃송이를 하나님께 바칩니다. 비바람을 견디고 이겨낸 꽃이오니 주님 받아주시옵소서.

주님 오실 그 길 우리가 찬송을 부르며 영접하옵고 가시는 그 길도 우리가 찬송하며 내바람 하겠사오니 이리로 오시옵소서. 왕으로 오시옵소서. 그리스도의 이름으로 기도합니다. 아멘.

봄 눈 녹듯이 〈찬양대 기도〉

거룩하신 주님

죄 많은 저희들을 불러 오늘도 찬양하게 하시니 무한 감사합니다. 온통 추악한 이야기들이 넘쳐나는 세상 속에 버려두지 아니하시고 구분하여 불러주신 에벤에셀의 하나님 영광 받으옵소서.

이제 온 산야에 눈도 녹아 사라지고 유난히 추운 겨울을 견딘 매화송이가 더욱 향기로운 꽃을 준비하고 있습니다.

오늘 저희가 부르는 찬양을 통해 저희들의 어리석음이 봄눈 녹듯 녹아지게 하시되 봄날 같은 변덕스런 믿음은 이제 그만 멈추게 하옵소서. 우리의 영혼이 물댄 동산 같고 마르지 않는 샘이 되기를 원합니다.

입술의 찬양이 아니라 부르짖음이 되게 하시고 신령한 노래가 되어 우리 모두가 산산이 부서지게 하옵소서. 저희들은 하나님을 송축하므로 복 받기를 원하며, 성도들에게는 은혜의 시간이 되기를 간절히 소망합니다.

지휘자와 반주자, 모든 대원들의 헌신도 생명책에 기록하여 주시옵소서. 우리의 찬양을 기뻐 받으시는 우리 주 예수 그리스도의 이름으로 기도하옵나이다. 아멘.

칸타타를 위한 기도문

주님,

2014년 마지막 달 첫 주일 아침을 찬양으로 영광 돌리게 하시니 진심으로 감사드립니다. 마지막 달력을 벽에 걸면서 반성문을 쓰는 아이의 마음으로 이 자리에 섰습니다. 죄송합니다, 미안합니다, 주님. 주님이 일러주신 것 몇 십분의 일도 끝내지 못하고 세밑에 섰습니다, 미안합니다 죄송합니다.

올해는 기억하기조차 싫은 세월호 참사를 비롯하여 지구촌 곳곳에 발생한 지진과 재난 등 하나님의 뜻과는 전혀 다른 일들이 너무도 많았습니다. 행여 주님 다시 오실 날이 가까워는 것은 아닌지 두려운 마음뿐입니다.

많은 환란 가운데서도 지켜 보호해주시고 이 자리에 나와 찬양할 수 있는 믿음과 건강과 여건을 허락하심을 진심으로 감사드립니다. 저희가 할 일은 감사뿐이오며 오직 감사의 마음을 찬양으로 드리오니, 하나님 홀로 영광 받아주옵소서.

특히 12월에는 온 인류가 성탄의 기쁨을 나누고 저희는 칸타타를 준비하고 있습니다. 우리 교회가 드리는 눈물의 칸타타가 아름다운 간증으로 기억되기를 원합니다.

주님 그날, 저희들의 부르는 칸타타가 목소리로 연주하는 교향곡이 되기를 원합니다. 죽임을 당하신 주님, 피 흘리신 주님을 다시 기억하는 연주회이자 이땅에 오심을 축하하는 생일파티가 되기를 원합니다.

준비된 찬양, 준비된 예배, 준비된 기도만이 주님을 만날 수 있음을 믿습니다. 칸타타를 준비하는 모든 대원들의 눈물과 수고를 꼭 기억하여 주시고 응답하여 주시옵소서.

우리를 위해 죽임을 당하신 주님, 피 흘리신 주님의 이름으로 기도하옵나이다. 아멘.

찬양은 노래의 끝 〈음악회 기도문〉

사랑의 주님 감사합니다.

말이 다한 곳에 시가 있고 시가 다한 곳에 노래가 있다고 하였습니다. 노래의 끝, 노래 가운데 최고의 노래는 하나님에 대한 찬양이라 믿습니다.

예언과 탄생, 수난과 회개, 부활과 영원한 생명으로 구성된 헨델의 메시아가 인류의 영원한 음악 유산으로 남아 있음도 하나님을 찬양하는 노래이기 때문입니다.

그러나 주님, 아직 가장 위대한 시는 아직 쓰여지지 않았고, 아직 가장 위대한 노래는 아직 불려지지 않았습니다. 하나님을 향한 우리들의 간절한 기도와 노래가 계속되기를 간절히 원합니다.

주님, 오늘 이 음악회를 온전히 주님께만 바칩니다. 준비한 우리 교회 권속들에게 특별한 은총을 허락하시고 우접을 나온 아름다운 동행의 관객들에게도 축복을 내려 주시옵소서.

오늘 이 시간 광화문 앞 촛불보다 더 간절함으로 이 자리에서 하나님을 향한 촛불을 켭니다.

우리 주 예수 그리스도 이름으로 기도하옵나이다. 아멘.

기도의 청취자

주님, 오늘 저희들이 부르는 찬양은 간절한 부르짖음이 되기를 원합니다. 신령한 노래가 되기를 원합니다.

사랑한다는 한마디에 우리가 무너졌던 것처럼 오늘 저희가 부르는 찬양을 통해 우리 모두 산산이 부서지게 하시옵소서.

오늘 부르는 찬양은 이미 받은 응답에 대한 감사의 노래이자 하나님의 온전하심을 인정하는 고백이기를 원합니다.

그러나 그 또한 내 뜻대로 마시옵고 하나님의 뜻대로 하시옵소서. 오늘 저희들은 하나님을 송축하므로 복 받기를 원하며, 성도들에게는 은혜의 시간이 되기를 간절히 소망합니다.

지휘자와 반주자를 비롯한 모든 찬양 대원들의 헌신도 생명책에 기록하여 주시옵소서.

우리 기도의 유일한 청취자이신 우리 주 예수 그리스도의 이름으로 기도하옵나이다. 아멘.

미래의 이력서

존귀하신 주님,
 살아온 지난날을 뒤돌아보며 발자취를 적어봅니다. 대가족의 일원으로 태어나 어린 시절을 보내고 20대 중반까지는 공부에 매달렸고 취직하고 결혼하여 슬하에 두 자녀를 두었습니다. 또 그들을 기르고 가르치느라 버거운 삶을 살았으며 두 자녀 모두 출가시키고 나니 이제 큰 집에 부부만 덩그마니 남았습니다.
 열심히 직장생활을 하면서 남보다 빨리 승진도 했고 하나님의 은혜로 좋은 자리에도 앉아보았는데 이제는 정년이 되어 집으로 돌아갑니다. 내 또래의 동료들과 친구들은 한동안 산으로, 들로 쫓아다니다가 이젠 다리가 아프다며 마을 어귀에 우두커니 서 있습니다. 그래도 몇몇 친구가 가끔은 불러주어 '삼식이'는 면했다는데 그런 세월이 얼마나 될까 걱정입니다.
 존귀하신 주님.
 이제 저는 지난 세월을 기록하는 이력서가 아니라 앞으로 다가올 일을 꼼꼼히 적는 '미래의 이력서'를 쓰려고 합니다. 우선 일흔 살에는 칠순 잔치가 아니라 럭셔리 하다는 크루즈 여행도 한 번 해보고 그 이듬해에는 성지순례에도 참가하려고 합니다.
 일흔 살 중반에는 부모님이 물려주신 고향 집에 예쁜 꽃을 심고 일주일에 두어 번은 머물면서 옛 동무들의 소식도 묻고 어쩌다 아이들의 울음소리가 들리면 달려나가 머리를 쓰다듬으며 축복하고 싶습니다.

70대 후반에는 돈 버는 일이 아니라 돈을 쓰는 일을 찾을 것입니다. 손주 녀석이 대학에 가면 입학금도 보태주고 배낭여행을 계획하고 있다면 하룻밤 함께 자며 살아온 내 인생이야기를 들려주고 싶습니다. 늙어서 비우기 위해서는 한 번쯤은 움켜쥐어 채워놓아야 할 때가 있어야 한다는 얘기도 덧붙이겠습니다.

여든 살 무렵에는 운전면허를 반납해야 하기에 걸어서 교회에 갈 수 있도록 가까운 데로 집을 옮기고 아침, 저녁으로 예배당에 나가 기도하고 시간이 남거들랑 꽃밭에 물도 주고 풀도 뽑을 것입니다.

주님의 은혜로 아흔을 넘어 100세 시대에 동참하게 된다면 아름다운 노을처럼 마지막 불꽃으로 살고 싶습니다. 정말로 하나님이 마련해주신 신비로운 시간, 매직 아우어(magic hour)를 환상처럼 보내고 싶습니다. 그리고 마지막 하나님 품에 안기여 세상에 손을 흔드는 근사한 이별을 생각합니다. 그날, 거기에 있기 위하여 오늘 이 시간 나는 무엇을 해야 하는지 깊이 생각합니다.

주님. 감사합니다. 모든 것이 하나님의 은혜였습니다. 아멘.

지형원 장로 기도집

흠이라면 바람이라면

1판 1쇄 인쇄 _ 2024년 8월 30일
1판 1쇄 발행 _ 2024년 9월 5일

지은이 _ 지형원
펴낸이 _ 이형규
펴낸곳 _ 쿰란출판사

주소 _ 서울특별시 종로구 이화장길 6
편집부 _ 745 - 1007, 745 - 1301~2, 747 - 1212, 743 - 1300
영업부 _ 747 - 1004, FAX 745 - 8490
본사평생전화번호 _ 0502-756-1004
홈페이지 _ http://www.qumran.co.kr
E-mail _ qrbooks@daum.net / qrbooks@gmail.com
한글인터넷주소 _ 쿰란, 쿰란출판사
페이스북 _ www.facebook.com/qumranpeople
인스타그램 _ www.instagram.com/qrbooks
등록 _ 제1-670호(1988.2.27)

ⓒ 지형원 2024 ISBN 979-11-6143-984 6 03230

책값은 뒤표지에 있습니다.
이 출판물은 저작권법에 의해 보호를 받는 저작물이므로 무단 복제할 수 없습니다.
파본(破本)은 구입처에서 교환해 드립니다.